SCHOKOLADE

EIN GENUSS

CHOCO

SCHOKOLADE
VERFÜHRUNG DER SINNE

Jutta Gay, Alejandro und Christopher Wilbrand
Fotografie: Joerg Lehmann
Foodstyling: Patrice Brault

EIN GENUSS

INHALT

Be my Valentine
Be my Valentine

VORWORT

»Kräftig und rassig, mit einem Duft von roten Waldbeeren und einer Note von reifen Pflaumen« – was an das Urteil eines Weinkritikers erinnert, ist das eines Chocolatiers, der eine edle Schokolade beschreibt. Denn die Aromen von Kakao und damit Schokolade sind so vielfältig wie die des Weins, sie variieren von fruchtigen Noten wie Papaya, Banane, Mango über Brot und Butter, Mandeln und Nüsse bis hin zu scharfem Pfeffer und Gewürzen. In edlen Schokoladen entdecken Sie den anregenden Duft des tropischen Regenwaldes; jede Kakaosorte, jeder Jahrgang und jede Plantage haben ihren eigenen Charakter.

Aber es ist gar nicht so einfach, diese Geschmacks- und Aromenvielfalt zu entdecken. Bei der handelsüblichen Konsum-Schokolade wird bei der Herstellung auf einen immer gleich bleibenden Geschmack geachtet. Doch seit einigen Jahren setzen sich Spitzen-Chocolatiers aus aller Welt für eine neue Qualität von Schokolade ein, rekultivieren alte Kakaosorten, stellen sortenreine Edel-Schokoladen oder feine Cuvées her, die der Götter würdig sind.

Sie genüsslich und sachkundig zu verkosten ist eines der Kapitel in diesem Buch. Sie erfahren alles über die feinen Aromen eleganter Schokolade, worauf Sie beim Probieren achten sollten, wie Sie Ihren Favoriten kennen lernen, und – ganz praktisch – wo Sie erstklassige Schokoladen einkaufen können, wie sie aufbewahrt werden und wer sie herstellt.

Zuvor bekommen Sie die wichtigsten Informationen über den Kakao, über seinen Anbau und die Verarbeitung sowie die verschiedenen Kakaosorten. Sie erfahren, welch langwieriger, arbeitsintensiver Prozess der Kakaoanbau und die Herstellung von Schokolade ist und verstehen, warum die Edel-Schokoladen sich preislich vom Konsummarkt abheben.

Was Sie aus den feinen Schokoladen und Kuvertüren machen können, zeigen Ihnen die Brüder Wilbrand. Für ihre herausragende, kreative Küche in ihrem Restaurant »Zur Post« in Odenthal bei Bergisch Gladbach wurden sie von Michelin mit einem Stern, von GaultMillau mit 16 Punkten und 2 Kochmützen und vom Varta-Führer mit einem Gourmet-Stern ausgezeichnet.

Ihr tiefes Verständnis für die Aromen von Schokolade zeigen sowohl die süßen Kreationen Alejandros als auch die pikanten Rezepte Christopher Wilbrands. Lassen Sie sich von diesen Gerichten verführen und zu neuen Kochkünsten inspirieren.

Viel Vergnügen und guten Appetit wünscht Ihnen

Jutta Gay

DIE SEELE DER SCHOKOLADE

KAKAO, EINE TROPISCHE FRUCHT

10

Vom Luxusgut zur Tafel für Jedermann

Jahrtausendelang war Schokolade vor allem ein Getränk. Der Schöpfergott Quetzalcoatl hatte den Völkern Mittelamerikas den Kakaobaum geschenkt, und so verehrten ihn bereits die Olmeken um 1 500 v. Chr. als Heiligtum und benutzten die Samen seiner Früchte als Zahlungsmittel. Die Maya und Azteken kultivierten den Baum und stellten aus Cacahuatl, den Kakaobohnen, Xocolatl her – was so viel wie bitteres Wasser bedeutet. Geröstete und gemahlene Kakaobohnen, mit Wasser und Maismehl aufgeschäumt und in reicheren Häusern mit Chili, Vanille und wildem Honig gewürzt, bildeten die Basis eines Getränks, das die Azteken zur Zeit der spanischen Eroberung Mittelamerikas tranken.

Mit der Eroberung Mittelamerikas durch die Spanier begann ein neues Kapitel in der Geschichte der Schokolade. Hatte noch Kolumbus bei seinen Reisen nach Amerika die »mandelartigen Früchte« abgelehnt, so erkannte Hernán Cortés schnell ihren Wert. Bei seiner Landung an der Küste der Aztekenhauptstadt Tenochtitlan wurde er von Moctezuma, der in ihm den aus der Wildnis zurückgekehrten Gott Quetzalcoatl sah, mit Geschenken überschüttet – darunter auch Kakaobohnen. Er zwang seine Soldaten, das Aztekengetränk zu trinken, das so gar nicht dem Geschmack der Europäer entsprach. Später erklärte er, er habe die Azteken nur mithilfe der Xocolatl besiegen können, da sie seinen Soldaten dieselben Kräfte wie denen Moctezumas verliehen habe. Mit Cortés kam die Schokolade an den spanischen Hof, wo es beinahe ein Jahrhundert als Geheimnis gehütet wurde. Von Spanien gelangte es erst 1615 nach Frankreich. Das Getränk hatte man inzwischen durch die Beigabe von Rohrzucker und Zimt dem europäischen Geschmack angepasst.

Im Verlauf des 17. und 18. Jahrhunderts verbreitete sich die Trinkschokolade über den europäischen Kontinent. Es war das Getränk des Genusses und des Müßiggangs. Während das Bürgertum in erster Linie Kaffee trank, war die Schokolade nach wie vor das Getränk des Adels. Sie war ein Symbol für Sinnesfreuden und galt als Aphrodisiakum.

In all der Zeit war Schokolade nur als Trinkschokolade bekannt, zuerst mit Wasser, nach und nach mit Milch oder Sahne zubereitet. Das änderte sich mit der Industrialisierung. Der Holländer Coenraad van Houten erfand ein Verfahren zur Entölung der Kakaobohnen, durch die Kakaopulver und Kakaobutter getrennt wurden. Im frühen 19. Jahrhundert entstanden Schokoladenfabriken, in denen die ersten Schokoladentafeln hergestellt und nach und nach verfeinert wurden – etwa 1875 durch die Erfindung der Milchschokolade von den Schweizern Daniel Peter und Henri Nestlé oder 1879 die Entwicklung des Conchierverfahrens durch Rodolphe Lindt.

Mit der Industrialisierung wurde die bis dahin als Kostbarkeit gehandelte Schokolade einer breiteren Bevölkerungsschicht zugänglich. Zunächst war sie auch hier ein Luxusgut. Mit dem Wirtschaftswunder entwickelte sie sich zusehends zu einem alltäglichen Konsumgut. Schokolade ist seitdem als Tafel, Riegel, Pralinen oder Bonbons in jedem Supermarkt und jedem Kiosk zu haben. Dass bei der Herstellung gewisse Qualitätsstandards eingehalten werden, ist dem Reinheitsgebot der deutschen Schokoladenhersteller von 1876 zu verdanken. Es schreibt fest, dass neben Kakaobutter und dem Fett im Milchpulver keine Fremdfette zugesetzt werden und dass die Kakaomasse nicht durch Beimischungen wie Stärke oder Mehl verunreinigt wird.

Heute entwickelt sich der Trend wieder hin zum Luxusgut. Immer mehr feine Schokoladengeschäfte eröffnen und bieten edle Schokoladen an. Hergestellt aus reinsortigen Kakaos, Kakaos bestimmter Anbaugebiete oder bestimmter Plantagen. Schokolade entwickelt sich wieder zu einem Thema für Kenner.

40 Tassen Xocolatl soll der Aztekenherrscher Moctezuma täglich getrunken haben, bevor er seinen Harem besuchte – aus goldenen Bechern, die er niemals ein zweites Mal benutzte. Und selbst adlige Tote mussten nicht auf ihre Xocolatl verzichten, fanden sie doch jeden Tag frisch gefüllte Becher vor ihren Gräbern vor. Auch nach Europa kam die Schokolade als Getränk, allerdings erhitzt und mit Zucker gewürzt. Die Aztekenschokolade war den Europäern viel zu bitter.

Schokolade wächst in den Tropen

Als Pflanze der Tropen bevorzugt der Kakaobaum eine gleichmäßige Temperatur bei extrem hoher Luftfeuchtigkeit, viel Regen und Höhenlagen zwischen 400 bis maximal 1 200 Metern. Jahresdurchschnittstemperaturen zwischen 25 und 28°, die auch in den kältesten Monaten und Nächten 20° nur selten unterschreiten, sind ideal. Diese sind in den Ländern um den Äquator gewährleistet, und so erstrecken sich die guten Anbaugebiete etwa zwischen 17° nördlicher und 15° südlicher Breite. Außerhalb der beiden Wendekreise gibt es den Kakaobaum nicht.

In seiner Urform wuchs die Kakaopflanze vermutlich zunächst am Oberlauf des Orinoco an der heutigen Grenze zwischen Kolumbien und Venezuela. Die dort angesiedelten Völker aßen nicht die Samen der Kakaofrucht, sondern das Fruchtfleisch. Wilden Kakao hat man auf einigen karibischen Inseln und in Zentralamerika gefunden – in allen anderen Erdteilen kommt er nur in kultivierter Form vor. Gesichert ist, dass die Olmeken (ab 1 500 v. Chr.) im Gebiet des heutigen Mexiko den Kakao kannten und die Maya ihn ein paar Jahrhunderte später kultivierten, um an die Samen zu kommen. Später verbreiteten die Europäer ihn in all die Länder mit dem entsprechend tropischen Klima. Von den rund 3,5 Millionen Tonnen Rohkakao, die jährlich produziert werden, wird der weitaus größte Teil auf dem afrikanischen Kontinent angebaut.

Süd- und Mittelamerika

In Zentral- und Südamerika werden nur knapp elf Prozent der jährlichen Kakaoernte angebaut. Brasilien, Ecuador und die Dominikanische Republik führen die Liste der amerikanischen Anbauländer an, der wohl edelste Kakao stammt auch heute noch aus Venezuela. Ebenfalls zu den Spitzenanbaugebieten in Sachen Qualität zählt die Karibikinsel Trinidad, deren Anteil mit 1 800 Tonnen an der Weltkakaoernte gering ist.

Asien und Ozeanien

Den asiatisch-ozeanischen Kakaomarkt bestimmt das Inselarchipel Indonesien. 450 000 Tonnen werden hier im Durchschnitt pro Jahr geerntet, in erster Linie auf Sulawesi, Sumatra, Java und West-Papua. Während auf Sulawesi und Sumatra Konsumkakaos geerntet werden, gedeihen auf Java und West-Papua – auch im unabhängigen Staat Papua-Neuguinea – feinere Gewächse. Die übrigen rund 100 000 Tonnen asiatischen Kakaos teilen sich Malaysia, Indien, die Philippinen, Sri Lanka, die Salomoninseln und zu einem sehr kleinen Teil Thailand und die Fidschi-Inseln.

Afrika

Der Großteil des afrikanischen Kakaos ist Konsumkakao und stammt aus den westafrikanischen Ländern. Der Kakaoanbau ist auf einige wenige Länder beschränkt. In Westafrika setzen die Trockengebiete nördlich der Küstenregionen dem Anbau Grenzen, im Osten stimmt das Terroir – mit kleineren Ausnahmen in Tansania und Uganda – nicht. Absoluter Spitzenreiter ist die Elfenbeinküste. Dieses westafrikanische Land, in seiner Fläche etwas kleiner als die Bundesrepublik, produziert jährlich rund 1,3 Millionen Tonnen Kakao – reinen Konsumkakao für die Herstellung von gesüßtem Kakaopulver, Konsum-Schokolade und Brotaufstrichen. Lediglich auf Madagaskar konnte sich ein Kakao etablieren, der mit feinem Java-Kakao oder Ernten aus Mexiko und Trinidad mithält.

Schatten ist eine der wichtigsten Voraussetzungen, damit die Kakaofrüchte gedeihen. Dann wachsen die Früchte entweder vereinzelt oder in dicken Bündeln direkt aus dem Stamm heraus. Farben und Formen der exotischen Früchte sind mannigfaltig und neben den wertvollen Kakaobohnen ist auch das Fruchtfleisch sehr gefragt.

Von der Blüte bis zur Frucht

Ursprünglich ist der Kakaobaum eine Unterholzpflanze, deshalb wird er heute im Schatten höherer Bäume angepflanzt. Die direkte Sonneneinstrahlung begünstigt zwar das Wachstum und kann für einige Jahre die Erträge steigern, doch die Pflanzen werden dadurch krankheitsanfälliger und sterben früher ab.

Da Kakaobäume keinen Wind mögen, entwickelten bereits die Maya ein spezielles Pflanzsystem. Sie pflanzten junge Kakaopflänzchen in den Schatten größerer und schneller wachsender Bäume, etwa von Bananenstauden. Die Spanier nannten diese schützenden Bäume zärtlich Madre de cacao, Kakaomütter.

Im Schatten dieser Kakaomütter gedeihen die jungen Kakaobäume drei Jahre lang, bevor sie erste Blüten tragen; doch es dauert noch mindestens ein weiteres Jahr, meist aber zwei bis drei, bis aus einzelnen dieser Blüten Früchte hervorgehen.

Unkraut und Parasiten müssen von Anfang an von den empfindlichen Kakaobäumen ferngehalten und kranke Bäume rechtzeitig beseitigt werden. Weitere Pflegemaßnahmen müssen ebenfalls gewährleistet sein: regelmäßiger Rückschnitt, ausreichende Wasserversorgung und Düngung. Schon in den ersten Jahren ist das Betreiben einer Kakaoplantage äußerst aufwändig, zumal in dieser Zeit beinahe nichts maschinell gemacht werden kann.

Dann, nach vier bis sechs Jahren, hängen die Blüten zu Tausenden am Stamm – vereinzelt oder in dichten Büscheln. Ohne Pause folgt eine Blütezeit der nächsten. Doch von den vielen Tausend Blüten werden nur etwa fünf Prozent bestäubt. Und auch von diesen bringen nur wenige eine reife Frucht hervor. Deshalb werden auf vielen Plantagen die Blüten neben der natürlichen Befruchtung auch künstlich bestäubt. Arbeiterinnen gehen mit Pinseln von Blüte zu Blüte und geben Blütenstaub auf die Stempel. Das erhöht die Chance, dass aus einigen der weißlich bis zart-rosa Blüten eine Kakaoschote entsteht. Viel mehr als 60 reife Früchte trägt ein Kakaobaum dennoch nicht im Jahr – und das ist auch gut so. Denn die 300 bis 500 Gramm schweren Früchte würden bei höheren Erträgen nicht genügend Nährstoffe bekommen und der Baum schließlich absterben.

Die Früchte gedeihen das ganze Jahr, wachsen neben den Blüten, während der Baum fortwährend sein Laub abwirft und erneuert. Die Stängel der Früchte sind kurz, so dass die Früchte trotz des hohen Gewichts getragen werden und sechs Monate Zeit zum Reifen haben. Danach müssen sie zügig geerntet werden, weil die Früchte nicht von selbst abfallen, sondern am Stamm entweder verfaulen, verschimmeln oder einfach vertrocknen würden. Wild wachsende Pflanzen vermehren sich nur durch Tiere, die das Fruchtfleisch fressen und die Samen wieder der Natur zuführen.

Form und Struktur der Kakaoschoten

In der Plantage erfordert es sehr viel Erfahrung, reife Früchte von unreifen zu unterscheiden. Die unterschiedlichen Farben der Kakaoschoten sind kein Hinweis auf ihren Reifezustand und sind von Baum zu Baum verschieden. Jahrhundertelang glaubte man, aus Farbe, Form und Struktur der Früchte auf die Qualität schließen zu können, bis man herausfand, dass keines dieser äußerlichen Merkmale auf die Genetik und damit auf die Güte der Früchte und Kakaobohnen hinweist.

In ihrer Form variieren die Kakaoschoten von dickbäuchigen, kürbisartigen Früchten bis hin zu einer langen und schlanken Gurkenform. Die reifen Früchte sind zwischen 10 und 32 Zentimetern lang, haben eine glatte bis warzige Oberfläche, zehn Längsfurchen, die mehr oder weniger ausgeprägt sind. Das Spektrum der Farben reicht von hellem Weiß-Grün bis zu dunklem Rot, das beinahe braun ist. Doch mithilfe dieser Merkmale charakterisiert man lediglich einige Untersorten und beschreibt die Früchte. Es gibt aber fünf Grundtypen, die sich in Form und Struktur unterscheiden: die runden, gedrungenen Calabacillo, die bauchigen Amelonado, die schlanken Cundeamor, Pentagona mit einer Schale wie Aligatorenhaut und Angoleta, die aussieht wie eine Schlangengurke.

Noch immer ist die Kakaoernte reine Handarbeit: Sobald die Schoten gepflückt wurden, werden sie durch einen geschickten Hieb mit der Machete geöffnet. Heraus quillt die saftige Pulpa, in die die Kakaobohnen eingebettet liegen.

Oben: Kauliflorie, Stammblütigkeit, nennt man die Eigenart von Pflanzen wie dem Kakaobaum, deren Blüten unmittelbar aus dem Stamm austreiben.

Unmittelbar nach dem Öffnen der Kakaoschoten setzt durch tropische Hitze und Feuchtigkeit ein Gärprozess ein, die Fermentation. In kleinen Hügeln, zwischen Bananenblättern oder in speziellen Holzkisten löst sich das Fruchtfleisch von den Bohnen, verwandelt sich der enthaltene Zucker in Alkohol, die Kakaobohnen verlieren an Bitterkeit und bekommen endlich ihre schokoladenbraune Farbe.

Die Kakaobohne

Geschmack, Farbe und Inhaltstoffe

Beim Aufschneiden einer Kakaofrucht quillt das aromatische, süßsäuerliche Fruchtfleisch, die Pulpa, hervor. Frisch erinnert sie in ihrem Geschmack an Pfirsich und Litschis, mit einer Note von Honig und Vanille, aber schon nach wenigen Stunden schmeckt sie bitter und ist ungenießbar. In der Pulpa liegen je nach Kakaosorte 20 bis 60 Samen, die Kakaobohnen. Während das Fruchtfleisch die Delikatesse ist, sind die Kakaobohnen bitter. Die Farbe der Bohnen lässt noch keine Assoziationen mit dem Endprodukt aufkommen: Weiß bis zartrosa sind die edelsten unter den Kakaosorten, andere erinnern in der Farbe an Kirschblüten und blühende dunkle Baccara-Rosen, der weitaus größte Teil ist dunkelviolett.

In der Kakaobohne steckt hochwertiges pflanzliches Fett, die Kakaobutter. Sie macht mit über 50 Prozent den Hauptbestandteil der Nährwerte aus, dazu kommt eine Vielzahl wertvoller Mineralien. Zu etwa 1,2 Prozent enthält die Bohne Theobromin, ein dem Koffein verwandter und ebenso anregender Stoff, und Phenylethylamin, das Amphetaminen ähnlich auf das zentrale Nervensystem einwirkt. Es ist für die Glücksgefühle verantwortlich, die durch das Essen von Schokolade ausgelöst werden.

Ihre Aromen und die typische Farbe erhalten die Kakaobohnen erst nach sorgfältiger Verarbeitung. Die beginnt bereits bei der Ernte, die noch in Handarbeit erfolgt. Mit Macheten oder mit an langen Stielen befestigten Messern werden die Schoten von den Bäumen geschnitten. Das ist nicht nur eine körperlich anstrengende Arbeit, sondern erfordert viel Erfahrung und Fingerspitzengefühl, um reife Schoten von unreifen zu unterscheiden. Anschließend werden die Schnittstellen an den Bäumen versiegelt, damit sich neue Blüten bilden können. Die Früchte kommen in Körben zu einem Sammelplatz, wo Arbeiter mit langen Macheten und geübten Fingern die Schoten öffnen, ohne die Samen zu beschädigen, dabei quillt die Pulpa hervor. Mit den Fingern werden Fruchtfleisch und Kakaobohnen in große Körbe geleert und die Schoten als Viehfutter verwendet.

Die Fermentation

Die Fermentation ist ein Gärprozess und gleicht einem kleinen Wunder. Plötzlich erahnt man, was aus bitteren Kakaobohnen einmal entstehen kann. Denn durch die Fermentation kommt es nicht nur zur Ablösung des Fruchtfleisches von den Bohnen, sondern durch die Gärung reduzieren sich die Gerbstoffe und entwickeln sich die Aromen.

Nach dem Leeren der Kakaoschoten bereiten die Arbeiter die Bohnen zur Fermentation vor. Je nach Größe der Plantage häufen die Kakaobauern Bohnen und Fruchtfleisch auf Bananenblätter und bedecken sie damit. Oder sie füllen die Bohnen in Körbe und decken diese mit Bananenblättern ab. Auf größeren Plantagen kommen so genannte Fermentationskisten zum Einsatz. Das sind große im Boden durchlöcherte Holzkästen, die ohne Nägel und Schrauben ineinander gesteckt und stufenweise aufgebaut werden.

Das Wichtigste bei der Fermentation ist eine sehr süße, also reife Pulpa und eine regelmäßige Sauerstoffzufuhr. Durch den hohen Zuckergehalt der Pulpa und die tropische Wärme setzt der Gärungsprozess fast unmittelbar nach der Öffnung der

Früchte ein. Zunächst wird bei etwa 35° ein Teil des Zuckers in Alkohol umgewandelt. Bakterien setzen dann die Essigsäuregärung in Gang, bei Temperaturen zwischen 50 bis 52° entsteht ein brauner, unangenehm riechender Brei. Die Bohnen müssen zwischendurch immer wieder gewendet und umgeschichtet werden, damit sie gleichmäßig fermentieren. Hiervon hängt ihre Qualität ab. Das ist wie beim Wein: Bereits auf dem Feld, bei der Ernte und in jedem weiteren Produktionsschritt entscheidet sich, ob daraus später ein Gourmetkakao oder ein Billigprodukt entsteht.

Die Trocknung

Wenn bei der Fermentation nach zwei bis acht Tagen – je nach Kakaosorte – endlich die schokoladenbraune Farbe sichtbar wird, muss die Fermentation gestoppt werden. Sonst entsteht Buttersäure, die den Geschmack der Bohne erheblich beeinträchtigt.

Zu diesem Zeitpunkt sind die Kakaobohnen sehr feucht und voll gesogen mit dem Saft des Fruchtfleisches. Damit sie nicht verderben, weiterhin Bitterstoffe verlieren, sich alle Aromen vollständig entwickeln und sie ihre endgültige Farbe annehmen können, werden die Bohnen auf dem Boden oder in speziellen flachen Holzkästen so lange zum Trocknen in der tropischen Sonne ausgelegt, bis sie nur noch sechs bis sieben Prozent Feuchtigkeit enthalten. Das kann zwei bis drei Tage, manchmal bis zu einer Woche dauern. Dabei müssen die Bohnen regelmäßig gewendet und vor Regen geschützt werden. Große Plantagen setzen zum Schutz rollbare Kästen ein, die in der Nacht und bei Regenfällen unter Trockendächer geschoben werden können.

Das Trocknungsverfahren ist für den Geschmack sehr entscheidend. Viele Plantagen, die Konsumkakao anbauen, trocknen nicht mehr in der Sonne, sondern in Trockenräumen, die mit Heißluft erwärmt werden. Das verändert die Struktur der Kakaobohne – und damit den Geschmack. Werden die Bohnen über dem offenen Holzfeuer getrocknet – eine Methode, die auf Java gepflegt wird – bekommen die Kakaobohnen einen geräucherten, schinkigen Beigeschmack, der auch später in der Schokolade zu schmecken ist.

Je schonender und langsamer die Bohnen getrocknet werden, desto besser können sich die Aromen des Kakaos entwickeln. Ist der Prozess abgeschlossen, werden Proben genommen: Die Bohnen sind dann ein wenig geschrumpft und ein Schnitttest zeigt, dass sie fertig getrocknet sind. Sie werden in Jutesäcke verpackt verschifft und gelangen so zum Ort der Weiterverarbeitung.

Der Kakao wird lange vor seiner Ernte an den großen Warenterminbörsen, vor allem in London und New York, gehandelt, so dass Hersteller ihren Bedarf rechtzeitig sichern können. Das hat aber auch zur Folge, dass sie die Qualität der Ware nicht immer kontrollieren können. Edel-Schokoladen-Hersteller gehen daher in den letzten Jahren anders vor: Sie besuchen selbst die Plantagen, beobachten Anbau- und Wachstumsbedingungen, überprüfen Fermentation und Trocknung. Das hat für alle Beteiligten Vorteile: Die Hersteller erhalten genau die Qualitäten, die sie brauchen, die Plantagenbesitzer und damit auch die Arbeiter werden meist besser bezahlt. Auch Kleinstbauern profitieren von diesem System, haben sie doch sichere Abnehmer für ihren Kakao, solange sie eine gute Qualität liefern.

Auf die Sonne kann bei der Trocknung nicht verzichtet werden: Heißluft und Rauch verändern den Geschmack der Bohnen, so dass solche Verfahren bei Edelkakao nicht angewandt werden.

Stattdessen breiten die Arbeiter sie in flachen Wannen aus und wenden sie immer wieder.

Links: Die Kakaobohnen werden in Säcke abgefüllt, auf Schiffe verladen und zum Zielhafen gebracht.

Rechts: Auch nach dem Abfüllen werden die Bohnen regelmäßig und sorgfältig auf ihre Qualität kontrolliert. Bei falscher Lagerung oder wenn die Bohnen feucht werden, kann die gesamte Lieferung verderben.

Warenkunde

Theobroma cacao – Speise der Götter – nannte der schwedische Naturwissenschaftler Carl von Linné den Kakaobaum, der zur Gattung Theobroma gehört, die wiederum etwa 20 Arten umfasst. Auch wenn andere Arten, wie Theobroma bicolor oder Theobroma grandiflora, kultiviert und aus ihnen Kakaosurrogate gewonnen werden, ist lediglich der Kakaobaum für die Kakao- und Schokoladenherstellung von Bedeutung.

Es gibt vier Varianten des Kakaobaums (Forastero, Nacional, Criollo und Trinitario) mit einer Vielzahl von Unterarten und Hybriden. Dabei ist nicht ganz gesichert, ob sich zumindest die beiden Hauptvertreter getrennt voneinander entwickelt haben, die eine in Süd-, die andere in Mittelamerika. Oder, ob der Ursprung des Kakaos ganz in Südamerika liegt. Genetische Untersuchungen machen Letzteres wahrscheinlich, die Ursprungsregion wäre demnach der Westen Venezuelas.

Forastero – der Fremdling

Am häufigsten ist der Forastero. Sein Name »Fremdling« wurde ihm im Gebiet des Maracaibo-Sees und am Oberlauf des Orinoco gegeben, um ihn vom dort heimischen Kakao zu unterscheiden. Er ist der robusteste und ertragreichste der vier Kakaovarietäten. Sein Kakaoaroma ist durchdringend, gleichzeitig bitter und häufig säuerlich, teilweise stark adstringierend. Es fehlt ihm die Fülle und Vielfalt der Aromen. Dennoch sind der Forastero und seine Hybriden die meistangebauten Kakaosorten. 85 Prozent des weltweit produzierten Rohkakaos sind Forastero-Bohnen. Schokoriegel, Instantkakao, Konsum-Schokolade, Schokostreusel, fertige Schokosauce werden aus Forastero hergestellt, mit viel Zucker gesüßt, um Bitterkeit und Säure auszugleichen. Forastero ist der Kakao auf dem afrikanischen Kontinent, aber auch in den meisten anderen Ländern vorherrschend. Es ist die Sorte, die sich am ehesten zum Plantagenanbau eignet.

Die frischen Kakaobohnen sind fast immer dunkelviolett und färben sich während der Fermentation und Trocknung zu einem dunklen Schokoladenbraun. Bis zu zehn Tage muss der Forastero fermentiert werden, um wenigstens einen Teil seiner Gerbstoffe zu verlieren und Aromen zu entwickeln. Die robusten Pflanzen werden zum Pfropfen edlerer Sorten benutzt. So werden Edelkakaos gezüchtet, die ihre genetische Identität – und damit ihre Aromen – weitgehend behalten, aber einiges an Widerstandskraft hinzugewinnen, höhere Erträge erzielen und weniger krankheitsanfällig sind.

Nacional – die Spezialität Ecuadors

Genetisch gesehen ist der Nacional ein Forastero. Seine Aromen sind aber um vieles feiner. Trotz mehrfacher Versuche, ihn in anderen Ländern zu kultivieren, entfaltet der Nacional nur in Ecuador – vor allem in den Provinzen Los Rios und Bolívar – sein Aroma. Die wichtigste und hochwertigste seiner Unterarten ist der Arriba, der sich durch seine frischen und delikaten Kakaoaromen mit blumigen und nussigen Noten und einem leichten Bukett von Zitrusfrüchten auszeichnet. Seine Früchte haben eine leicht gedrungene Amelonado-Form. Die Farbe der frischen Kakaobohnen variiert von zartem Rot bis zu tiefem Kirschrot. Der Arriba und alle anderen Nacional-Unterarten werden wesentlich kürzer fermentiert, oftmals unter 48 Stunden. In dieser kurzen Zeit entwickeln sie eine Fülle verschiedener Aromen.

Criollo – der Edle

Der Criollo (Aussprache: Criojo) ist der Kakao schlechthin. Er ist nicht nur der feinste und eleganteste Kakao, er ist mit seinen verschiedenen Unterarten auch der seltenste Kakao der Welt. Seine Heimat ist der Westen Venezuelas, die Gebiete an den Ausläufern der Anden, um den Maracaibo-See und an den Ufern des Orinoco. Hier finden sich in den Urwäldern noch vereinzelt reinerbige Criollos, Pflanzen, die bereits von den Maya kultiviert wurden. Rohkakao aus Criollo-Bohnen ist von höchster Qualität, seine Aromenvielfalt ist beeindruckend. Er zeichnet sich durch eine feine Säure und sehr wenige Gerbstoffe aus. Aus den Criollo-Bohnen ließ sich erstmals eine 100%ige Schokolade kreieren, ohne den Zusatz von Zucker, Vanille oder sonstigen Stoffen. Diese Schokolade ist mild und sehr cremig, entwickelt Aromen, die man kaum in Schokolade erwartet.

Weniger als ein Prozent macht die Jahresernte von Criollo-Kakaobohnen auf dem Kakaomarkt aus, reinerbige Sorten sind zu einem verschwindend geringen Teil vertreten. Die meisten Criollos sind Kreuzungen aus Criollo und Forastero oder aus Criollo und Trinitario, wobei die Criollo-Gene deutlich überwiegen, so dass auch Kakaobohnen und Schokolade die typischen Criollo-Aromen enthalten.

So grob auch die Gestalt der Criollo-Früchte ist, so zart sehen ihre Kakaobohnen aus. Frisch sind sie weiß, manchmal mit blassrosa oder zartvioletter Marmorierung. Fermentiert und

Reinigung, Röstung, dann das Brechen und Schälen – nach dem Eintreffen der Kakaobohnen in der jeweiligen Schokoladenfabrik folgt die Weiterverarbeitung ganz klaren Regeln. Zurück bleibt als erste Vorstufe der geröstete und geschälte Kakaobohnenbruch, die so genannten Nibs. Viele Edelchocolatiers umhüllen diese Nibs mit feiner Schokolade – ein ganz besonderer Genuss.

getrocknet sind sie zimtbraun mit einem leicht rosa Touch. Das macht sie unverwechselbar zu den Forastero-Sorten.

Der mit Abstand beste Criollo ist die Sorte Porcelana. Sie gilt als reinrassiger, antiker Criollo, hat zarte, weiße Keimblätter und eine Form zwischen Amelonado und Cundeamor. Ihre Schale ist für diese Form unüblich glatt und in allen möglichen Grün- und Rottönen zu finden. Ihre Aromen erinnern an Brot, Butter und gekochte Früchte. Zu den ursprünglichen, reinen Criollos zählt auch Theobroma cacao var. pentagona, eine Frucht, die erst vor ein paar Jahren durch genetische Analysen als Kakao klassifiziert wurde. Man vermutet dahinter einen Vorfahren des Criollo – Schokoladen gibt es aus diesem Kakao bislang noch nicht.

Criollo-Züchtungen, meist mit Trinitario-Kakao, sind dagegen häufiger: Die Untersorten Ocumare wurden in den 1940er Jahren in der gleichnamigen venezolanischen Küstenregion gezüchtet, die einzelnen Sorten durchnummeriert. Die Früchte haben eine klassische warzige Cundeamor-Form. Reifer Ocumare 61 leuchtet in Orangetönen, sein Kakao hat Noten von Mandeln, sahniger Milch und gekochten Kirschen. Ocumare 67 ist eher rosa bis pink, schmeckt nach Papaya und Karamell und hat sehr zarte Noten von Unterholz.

Canoabo sieht dagegen ganz anders aus: Die Früchte haben schlanke Angoleta-Formen, die Säure ist nur schwach ausgeprägt und der Kakao schmeckt ein wenig nach Vanille.

Lange Zeit stand aber vor allem ein Name für den Criollo: Chuao. Ein kleines Dorf an der Küste Venezuelas, das nur mit dem Boot erreichbar ist, ist Namensgeber dieses exzellenten Hybriden aus Criollo und Trinitario. Der Kakao ist sehr begehrt und die 2005 von der Londoner Academy of Chocolate zur besten dunklen Schokolade gekürten Tafel ist eine reine Chuao-Schokolade von Amedei.

Trinitario – das Gute an einem Hurrikan

Als 1727 ein Hurrikan eine Criollo-Plantage auf der Karibikinsel Trinidad zerstörte, forsteten die Plantagenbesitzer den zerstörten Teil mit Forastero-Kakaobäumen auf. Auf natürlichem Wege vermischte sich der verbliebene Criollo mit dem Forastero. Es entstand eine Hybride, die die positiven geschmacklich-aromatischen Eigenschaften des Criollo mit der Robustheit und dem reichen Ertrag des Forastero kombinierte.

Etwa 15 Prozent des Weltkakaomarkts werden heute von Trinitario-Bohnen bestimmt. Sie sind leichter zu kultivieren als Criollo, liefern bei entsprechender Verarbeitung einen exzellenten Kakao, der nicht ganz, aber doch sehr nah an den Criollo herankommt. Zumal immer mehr Trinitarios neu mit Criollos gekreuzt werden und so das genetische Material der Criollos in den Trinitarios dominanter wird. Rio Caribe Superior, Sur del Lago Clasificado, Carenero Superior sind nur ein paar Namen der teils fruchtigen, teils würzigen Kakaosorten. Nüsse, Früchte, aber auch Tabak, Pilze, Karamell und Sahne – die Aromen, die sich im Criollo vereinen, enthält auch der Trinitario.

Links: Die Qualitätskontrollen beim genuesischen Schokoladenhersteller Domori sind streng: Jede einzelne Kakaobohne wird von Hand verlesen, denn eine Maschine ersetzt den prüfenden Blick des Menschen nicht.

Rechts: Erst wenn alles für gut befunden wurde, werden die Bohnen in kleinere Stückchen gebrochen und gemahlen, bis die Bohnen so flüssig sind, dass sie conchiert werden können. Für eine 100prozentige Schokolade ist damit die Vorbereitung abgeschlossen, denn bei Domori wird kein Emulgator zugesetzt.

Kakao – ein begehrtes Handelsgut

Das Projekt Domori

Hinter dem Namen Domori verbirgt sich nicht nur eine herausragende Schokoladenmarke (s. Seite 154), sondern auch ein Projekt, das sich ganz der Rückgewinnung und Zucht des Criollo-Kakaos widmet. Der Geschäftsführer des italienischen Unternehmens, Gianluca Franzoni, hat es ins Leben gerufen.

Dass dieses Projekt – oder wie er selbst sagt, diese Leidenschaft – eher zufällig entstanden ist, nämlich als der Wirtschaftswissenschaftler Franzoni in den 1990er Jahren die Kakaoplantage Hazienda San José in Venezuela entdeckte, spielt dabei keine Rolle. Seitdem streift er mit seinen Leuten durch den venezolanischen Urwald, sucht nach wilden Criollo-Pflanzen, macht Genanalysen, um ihre möglichste Reinheit zu überprüfen und kreuzt diese Pflanzen mit robusteren Kakaosorten. Dazu arbeitet er mit der internationalen Kakao-Gendatenbank auf Trinidad zusammen – die den Genbestand von Trinitarios sorgfältig hütet: Auf der Hazienda San José werden wilde Criollo-Pflanzen auf Trinitarios gepfropft, die sich zu krankheitsresistenteren Pflänzchen entwickeln, gleichzeitig einen sehr hohen Anteil an Criollo-Genen aufweisen und damit auch über die Geschmacks- und Aromenreinheit des Criollo verfügen.

Franzoni hat sich ein gewaltiges Ziel gesetzt: Er möchte die Ernte reinerbiger Criollos (über 90 Prozent Criollo-Gene) auf der Hazienda San José bis zum Jahr 2 010 auf 200 Tonnen Kakao steigern. Zurzeit werden weltweit gerade einmal 30 Tonnen reinerbiger Criollo produziert.

Fair Trade und biologischer Anbau

Braunes Gold wird der Kakao auch genannt und wie bei den meisten anderen »Gold«-Arten stammt es aus den ärmsten Regionen der Welt und wird in den Industrieländern konsumiert. Das ist auch beim Kakao historisch bedingt. Fair Trade ist seit einigen Jahren auch beim Kakao das Schlagwort schlechthin, oftmals geht er Hand in Hand mit biologischem Anbau. Wenn eine Tonne Kakaobohnen auf dem Weltmarkt 1 600 US-Dollar kostet, liegt der fair gehandelte Kakao bei etwa 1 750 US-Dollar, wenn er konventionell angebaut wird. Bio-Kakao bringt etwa 200 US-Dollar mehr. Weder fairer Handel noch biologischer Anbau sagen etwas über die Qualität eines Kakaos aus. Ob es sich um eine edle Kakaosorte oder einen Konsumkakao handelt, ist für den Preis nicht bestimmend.

Der Verein Trans Fair e. V. vergibt ein Siegel an Kooperationen, die den Bauern einen wesentlich höheren Preis zusichern, und er unterstützt sie auch in vielen Belangen ihrer Arbeit und des täglichen Lebens. Aber es ist kein Gütesiegel für den Kakao oder die fertige Schokolade. Das stellt die Bauern vor ein großes Problem: Denn wie auf dem Weltmarkt wird auch beim fairen Handel pro Kilo Kakao bezahlt. Wer einen edlen, hochwertigen Kakao anbaut, der in seiner Pflege aufwändiger und im Ertrag geringer ist, erhält denselben Preis pro Kilo wie ein Kakaobauer, der Konsumkakao mit dreifach höherem Ertrag pflanzt. Auch hier hilft das Vorgehen einiger Hersteller von Edel-Schokoladen, ihren Kakao unabhängig vom Weltmarkt zu beziehen.

Der lange Weg zur Schokolade

Schokolade ist in erster Linie eine Delikatesse Europas und Nordamerikas – und sie wird fast ausschließlich dort hergestellt. Per Schiff kommen die Bohnen in den einzelnen Häfen an, werden kontrolliert und den Käufern in ihre Fabriken geliefert.

Die ersten Vorbereitungen

Die Kakaobohnen werden zunächst gereinigt, geröstet, gebrochen und gemahlen. Wie das geschieht, hängt von der Kakaosorte und der Art der Schokolade ab, die entstehen soll. Criollo darf nicht zu lange, etwa 20 bis 30 Minuten bei Temperaturen um die 130°, geröstet werden, Forastero braucht deutlich länger. Ist der Kakao von besonders minderer Qualität oder unfermentiert, werden die Kakaobohnen überröstet – das Endprodukt wird danach stark gesüßt, um die Bitterstoffe zu überdecken. Nach dem Rösten werden die Kakaobohnen gebrochen, dabei wird die Schale entfernt und es bleiben die Kakaonibs übrig – geschälte, in kleine Stücke gebrochene Kakaobohnen.

Der Kakaobruch wird gemahlen. Die Mahlwerke zerstören die Zellwände der Kakaobohnen und Kakaobutter tritt aus – es entsteht eine flüssige Kakaopaste. Für Konsum-Schokolade wird das Mahlen unterbrochen, die Kakaomasse wird gepresst und es entstehen Kakaobutter und Kakaopresskuchen. Der Presskuchen ist eine feste Platte aus reinem Kakao, der zu Kakaopulver, Brotaufstrichen oder durch die Zugabe von Zucker, Milch, einem Teil der Kakaobutter oder anderen pflanzlichen Fetten (die EU erlaubt seit dem Jahr 2003 einen Anteil von fünf Prozent pflanzlicher Fette) zu Schokolade verarbeitet wird. Hersteller von Edel-Schokoladen pressen die Kakaomasse nur dann, wenn sie Kakaopulver oder Kakaobutter für Kuvertüren brauchen. Ansonsten wird die Kakaopaste weiter verfeinert, bis die letzten festen Bestandteile nicht mehr wahrnehmbar sind. Die gesamte Kakaobutter der Bohnen bleibt somit in der Schokolade. Weitere Zutaten wie Zucker, Vanille, eventuell Milchpulver und Soja-Lecithin als Emulgator werden zugefügt, teilweise bereits Gewürze. Diese Masse wird von Walzen in kleinste Teilchen zerrieben. Aus ihnen ergibt sich der Kakaoanteil der Schokolade – je mehr »feste« Kakaobestandteile eine Schokolade hat, desto höher ist ihr Kakao-Prozentanteil.

Das Conchieren

Ob Konsum- oder Edel-Schokolade – zu diesem Zeitpunkt wird die flüssige Schokoladenmasse conchiert. Die Conche, Ende des 19. Jahrhunderts von Rodolphe Lindt erfunden, knetet und verfeinert die Paste weiter. Das Conchieren beeinflusst das Aroma der Schokolade, denn dabei werden die festen Bestandteile in die Kakaobutter eingearbeitet. Wenn sie richtig conchiert wird, erhält sie bei diesem Verarbeitungsschritt ihre samtige Rundheit – das kann bis zu drei Tagen dauern.

Das Temperieren

Die Schokolade hat nach dem Conchieren eine Temperatur von rund 60°. Sie muss temperiert werden, um ihre typischen Eigenschaften zu erhalten: Glanz, eine feine, seidige Textur, Schmelz, einen homogenen Bruch und mit diesem den Klang. Beim langsamen Temperieren verfestigen sich die Kristalle der Kakaobutter – nur dann wird die Schokolade gut. Andernfalls wird sie körnig und erhält einen grauen Reif durch Fettpartikel, die sich auf der Oberfläche absetzen. Nach dem Temperieren hat die Schokoladenmasse eine Temperatur um 32 bis 33° und kann endlich zu Tafeln gegossen werden.

Oben: Nach dem Conchieren werden die Tafeln gegossen: Bei Domori ist dies zu einem Großteil Handarbeit. Gleichmäßig verteilt die Arbeiterin die flüssige Schokolade in der Form.

Unten: Auf Fließbändern werden die Tafeln temperiert und wieder per Hand aus der Form gelöst. Vor dem Verpacken werden die Tafeln noch einmal geprüft, ob sie auch wirklich makellos sind.

DOMORI

Cuvée oder Single-variety

Der größte Teil der Schokoladen – und das gilt für die Edelmarken ebenso wie für die Konsummarken – besteht aus verschiedenen Kakaosorten. Das ist nicht unbedingt ein Qualitätsverlust: Ein Cuvée – also ein Verschnitt verschiedener Kakao-Unterarten miteinander – kann durchaus eleganteste Schokoladen hervorbringen. Auch hier hängt alles von der Herstellung ab.

Häufig wird bereits bei der Fermentation verschnitten. Dadurch werden manche Sorten unter- andere überfermentiert – und daraus ist keine edle Schokolade zu gewinnen. Auch wenn vor der Röstung Bohnen miteinander verschnitten werden, kann auf die Entfaltung der Aromen der einzelnen Sorten kein wirksamer Einfluss genommen werden. Teile der Röstung werden unvollständig oder zu lange geröstet. Hieraus kann nur Konsum-Schokolade entstehen, die durch genügend Zucker, Milchpulver und Aromen den immer gleichen Geschmack erhält.

Bei einem guten Cuvée oder Blend werden die Kakaos nach der Röstung fein aufeinander abgestimmt. Die Aromen, ein Gleichgewicht zwischen Süße, Säure und Bitterkeit, können so optimal beeinflusst werden. Das unterscheidet eine Edel-Schokolade von preiswerter Ware. Mittlerweile gibt es auch reinsortige Schokolade, so genannte Single-Variety-Schokolade, die nur aus einer Kakaosorte entstanden ist, z. B. eine reine Porcelana- oder Chuao-Schokolade. Die Reinsortigkeit ist noch kein Qualitätsmerkmal. Doch hochwertige, reinsortige Criollo- oder Trinitario-Schokoladen sind ein echtes Geschmackserlebnis. Sie enthalten die Aromen einer ganz bestimmten Untersorte, durch sie kann man Vergleiche zu anderen Untersorten ziehen. Und wer in der Verkostung geübt ist, kann bei einer solchen Schokolade sogar etwas über ihre Herkunft, die Lage und die Plantage aussagen, auf der sie gewachsen ist.

Einkauf und Aufbewahrung

Schokolade ist überall erhältlich. Nur gilt das nicht für die Edel-Schokoladen. Die guten Tafeln finden Sie nicht im Supermarkt – allenfalls in den Feinkostabteilungen einiger Kaufhäuser. Doch Spitzenmarken sind auch dort nicht erhältlich. Sehr gute Kaffeegeschäfte haben eine kleine Auswahl an Edel-Schokoladen. In den Großstädten etablieren sich immer mehr kleine Schokoladengeschäfte mit einer guten Beratung und einem erlesenen Sortiment. Wenn Sie keinen Schokoladenladen in der Nähe haben, hilft das Internet weiter. Diverse Online-Shops (s. Seite 160) bieten das Sortiment der Edel-Schokoladenhersteller an, teilweise mit Beschreibung der Produkte, teilweise ohne. Aber nicht nur Edel-Schokoladen, sondern auch Kakaobohnen und beste Kuvertüren, die Sie in diesem Buch zum Kochen und Backen brauchen, können Sie via Internet beziehen.

Genießen Sie Schokolade bei Zimmertemperatur – nur so kommen ihre feinen Aromen zur Geltung. Einige Hersteller empfehlen auf den Verpackungen, die Schokolade vor dem Verzehr atmen zu lassen – ähnlich einem guten Wein. Sinnvoll ist das nur bei vakuumverpackten Schokoladen, etwa denen von Domori. Bei Schokoladen, die in Folie und Papier verpackt sind, reicht es, die Verpackung zehn Minuten vor dem Genuss zu öffnen.

Schokolade ist etwa 18 Monate haltbar, dunkle Schokolade etwas länger. Zimmertemperatur reicht aus, wenn Sie die Schokolade kurz nach dem Kauf essen. Im Sommer oder wenn sie länger aufbewahrt werden soll, legen Sie die Tafeln in den Kühlschrank – auf keinen Fall ins Eisfach. Verpacken Sie die Tafeln einzeln in Plastiktüten und verschweißen Sie die Tüten. Etwa 20 bis 30 Minuten vor dem Genuss nehmen Sie die Tafeln heraus, damit sie sich wieder auf Zimmertemperatur erwärmen.

Die Verarbeitungsmöglichkeiten des Kakaos sind vielfältig: Von einfachem Kakaopulver, Milchschokoladen, dunklen und »verschnittenen« Schokoladen über reinsortige Tafeln bis hin zu aromatisierten Schokoladen und gefüllten Pralinés ist alles möglich.

DAS GEHEIMNIS DER VERKOSTUNG

EINE PHILOSOPHIE FÜR SICH

CACAO CRIOLLO
Ocumare 61
Venezuela
CULT
DARK CHOCOLATE

ENRIC ROVIRA
Rajoles
chocolate negro
70% de cacao

Chocolat Noir de Domaine
GRAN COUVA
PLANTATION GRAN COUVA
ORIGINE TRINIDAD
Récolte
2005
Chocolat Noir de Domaine
PALMIRA
FINO CRIOLLO
VENEZUELA
PLANTATION PALMIRA
ORIGINE VENEZUELA

Von der Wahrnehmung der Aromen

Probieren, probieren – und: probieren! Das ist das Credo der Schokoladenverkostung. Wie beim Wein brauchen Sie etwas Übung und ein profundes Wissen, um Aromen zu erschmecken und Qualitäten zu unterscheiden.

Welche Schokolade gibt es?

Lange gab es in Deutschland die Unterscheidung in Milch-, Zartbitter- und Bitterschokolade, auch Herrenschokolade genannt. Milchschokolade hatte einen Mindestkakaoanteil von 25 Prozent, zartbittere zwischen 30 und 55 Prozent und bittere Schokolade umfasste alles über 60 Prozent Kakaoanteil. In anderen Ländern wird nur zwischen Milchschokolade und dunkler Schokolade unterschieden.

Inzwischen gibt es ein großes Sortiment an Edel-Schokoladen. Bei den Edelsorten liegt der Kakaoanteil von Milchschokolade über 30 Prozent, bei dunkler oder edelbitterer über 60 Prozent. Pure Schokolade hat einen Kakaoanteil zwischen 98 und 100 Prozent. Der Kakaoanteil sagt allerdings nichts über die Qualität der Schokolade aus: Sie ist das Zusammenspiel aus Kakaosorte, Anbau (Terroir) und Verarbeitung der Ernte – bis hin zur fertigen Schokolade.

Weiße Schokolade ist übrigens keine Schokolade und auch ihre Aromenvielfalt ist eher gering. Sie wird aus Kakaobutter, Zucker, Milchpulver und Vanille hergestellt – ihre Güte hängt also vor allem von der Qualität der Vanille und der Milch ab.

Die Verkostung vorbereiten

Bei der Weinverkostung gibt es klare Regeln, wie verkostet werden soll. »Schokoladenkenner« haben diese Regeln für die Schokoladenverkostung übernommen.

Wichtig ist, zunächst für die Verkostung die passenden äußeren Bedingungen zu schaffen:

› Vermeiden Sie starke Gerüche, sowohl angenehme als auch unangenehme. Sie überlagern die Aromen der Schokolade ebenso wie der Duft von Parfüm.

› Ihre letzte Mahlzeit sollte eine Weile zurückliegen, so dass Ihre Geschmacksnerven aufnahmebereit sind, hungrig dürfen Sie aber auch nicht sein.

› Die Verkostung ist etwas Sinnliches, deshalb sollten Sie mit allen Sinnen bei der Sache sein. Ihre fünf Sinne – nicht der Geschmack allein – sind Ihre Werkzeuge. Eine elegante Schokolade wird Ihre Sinne auf unterschiedlichen Ebenen anregen und komplexe Geschmacksempfindungen auslösen.

Das Aussehen

Die Farbe ist nicht das Entscheidende beim Verkosten – wohl aber der Glanz und die Struktur. Je nach Kakaobohne, Röstung und dem Kakaoanteil der Schokolade variiert die Farbe von zimtfarben über dunkelmahagoni bis zu einem fast schwarzen Braun. Die Farbe muss gleichmäßig sein – ansonsten ist sie kein Qualitätsmerkmal.

Jede feine Schokolade hat einen seidigen Glanz. Matte Schokolade – eventuell noch mit einem weißlichen Film überzogen – deutet auf eine falsche Temperierung hin. Das kann im Nachhinein durch falsche Lagerung geschehen sein oder bereits beim Chocolatier – was ein sicheres Zeichen für mindere Qualität wäre. Betrachten Sie also die Rückseite der Schokolade und

Die Auswahl an Schokolade ist groß – auch die von Edel-Schokoladen. Damit das Verkosten der Schokolade kein Geheimnis bleibt, beginnt sie mit den reinen Schokoladen, die weder aromatisiert noch gefüllt sind. Bei sortenreinen Schokoladen, die nur aus einer einzigen Kakaosorte hergestellt werden, z. B. aus dem Criollokakao Ocumare 61, lassen sich die Aromen noch detaillierter bestimmen. Auch bei Plantagen-Schokoladen (Bild unten) lassen sich die Aromen leicht unterscheiden

beurteilen Sie den Schimmer der Tafel. Ein guter Chocolatier prägt niemals die Rückseiten seiner Schokoladentafeln mit seinem Logo oder einem Muster, weil er weiß, dass sie Aufschluss über die Qualität seiner Schokolade gibt. Dann brechen Sie die Schokolade und betrachten die genaue Struktur der Bruchkante. Auch sie muss mehr oder weniger glatt und glänzend sein.

Kleine Luftbläschen in der Schokolade sind nicht unbedingt ein Zeichen minderer Qualität. Manche Hersteller verzichten auf Soja-Lecithin als Emulgator. Die Schokolade ist daher beim Gießen zähflüssiger und so können kleine Lufteinschüsse entstehen. Wenn ein Emulgator zugefügt wird, sollten jedoch keine Bläschen mehr vorhanden sein.

Klang

Schokolade muss klingen. Beim Durchbrechen zeichnet sich eine gute Schokolade durch ein sattes, klares Knacken aus – dabei ist der Klang dunkler Schokolade eindeutig klarer als der von Milchschokolade.

Tastempfinden

Erfühlen Sie sowohl äußerlich als auch im Mund die Beschaffenheit der Schokolade. Bereits beim Betrachten erkennen Sie, ob die Oberfläche geschmeidig, leicht sandig oder körnig ist. In den warmen Fingern beginnt die Schokolade schon zu schmelzen, um im Mund eine seidige Rundheit zu entwickeln. Beim Schmelzen auf der Zunge bzw. am Gaumen muss das Gefühl samtig sein. Adstringens, also das Zusammenziehen und leicht Trockene des Gaumens durch weniger Speichel, darf beinahe

Betrachten Sie die Schokolade, bevor Sie das erste Stück probieren. Schon die Oberfläche einer Tafel – vor allem ihre ungeprägte Rückseite – sagt viel über ihre Güte aus. Seidiger Glanz und eine samtige Haptik gehen mit einem zarten Duft einher. Obwohl der Hersteller Domori bei kaum einer Schokolade Soja-Lecithin als Emulgator verwendet, verspricht bereits der Anblick einer Domori-Tafel Hochgenüsse.

gar nicht vorhanden sein. Auch eine klebrig-pappige oder wachsige Struktur zeugt von minderer Qualität. Meist wurde dann die Kakaobutter mit anderen pflanzlichen Fetten vermischt.

Geruch

Der Geruchssinn ist ein sehr persönlicher – nicht jeder Duft wird von jedem Menschen gleich stark wahrgenommen. Und er hat viel mit Erinnerungen zu tun, denn Gerüche und Düfte werden im Gedächtnis gespeichert. Einen Geruch können Sie nur dann zuordnen und beschreiben, wenn Sie ihn in Ihrem Gedächtnis gespeichert haben.

Die ganze Bandbreite der Schokoladenaromen werden durch den Geruchssinn greifbar – das gilt sowohl für das erste Riechen wie für den so genannten Rückgeruch, der beim Verkosten entsteht. Durch die Wärme des Gaumens werden beim Verkosten Aromen freigesetzt, die über den Mund und den Nasen-Rachen-Raum zum Riechkolben gelangen.

Riechen Sie zunächst an der Schokoladentafel, brechen Sie ein Stück ab und riechen Sie erneut. Schnüffeln Sie dabei ein wenig – das bringt mehr als ein kräftiger Atemzug. Achten Sie auf die Intensität der Aromen, die Sie riechen, auf ihre Vielfalt, bewerten Sie deren allgemeine Qualität und vor allem, wie lange sie anhalten. Und achten Sie auf unangenehme Gerüche: Gerade sie sagen viel über die Schokoladenqualität aus. Dumpfe, faulige, verbrannte Gerüche haben in einer Schokolade nichts zu suchen und weisen darauf hin, dass die Kakaobohnen nicht oder überfermentiert, falsch getrocknet oder unsachgemäß gelagert wurden.

Die Bruchkante einer Schokolade ist ebenfalls ein Qualitätsmerkmal: Sie sollte nahezu glatt sein und glänzen. Beim Zerbrechen hören Sie ein sattes Knacken. Raue Bruchkanten mit matter Oberfläche, deutliche Lufteinschlüsse und ein weißlicher Reif weisen auf Produktionsfehler oder eine falsche Lagerung hin.

Geschmack

Im Vergleich zu Ihrer Nase sind Zunge und Gaumen eher plumpe Werkzeuge. Im Grunde nimmt der Mensch gerade einmal vier verschiedene Geschmacksqualitäten über die Zunge wahr: süß, salzig, sauer und bitter.

› Süße nimmt die Zungenspitze wahr. Hochwertiger Kakao besitzt eine natürliche Süße, die von dem Zuckergehalt der Schokolade nicht überlagert werden darf. Zu viel Zucker soll in erster Linie schlechte Kakaoqualitäten wie Bitterkeit, Überröstung und Muff überdecken.

› Säure schmecken die hinteren Kanten der Zunge. Sie ist das Rückgrat jeder Schokolade, unerlässlich für die Entwicklung der Aromen und Vollendung des Geschmacks, vorausgesetzt sie steht im richtigen Verhältnis zur Süße. In hochwertigen Schokoladen ist die Säure niedrig und sehr fein.

› Bitterkeit macht sich auf der hinteren Zungenmitte bemerkbar. Die Bitterkeit einer hochwertigen Schokolade ist fein, elegant und sehr mild. Bei ausgeprägter Bitterkeit ist entweder die Qualität der Kakaosorte nicht die beste oder die Kakaobohnen wurden unzureichend fermentiert. Auch Vanillin statt echter Vanille hinterlässt einen bitteren Nachgeschmack.

› Salziges entdeckt die Zunge an den Seitenkanten. Der Geschmack ist nachhaltiger als der von Zucker. Allerdings kommt Salz in Schokolade nur selten vor, manche Chocolatiers würzen jedoch einige ihrer Schokoladen mit einem Hauch davon.

Die Balance zwischen Süße, Säure und Bitterkeit zeichnet eine gute Schokolade aus. Dazu gehört auch die Ausgewogenheit der Aromen im Kakao und in der Schokolade, wie sie durch den Geruch und den Rückgeruch wahrgenommen werden.

Je nach Sorte und Röstung variiert die Farbe der Kakaobohne von zimtfarben über mahagoni bis zu fast schwarzem Braun.

Nehmen Sie ein nicht zu großes Stück Schokolade in den Mund, zerbeißen Sie es etwas und rollen Sie die Schokolade über die Zunge, so dass sich die Schokolade im gesamten Mund verteilt.

Die Aromen, die Sie beim Riechen wahrgenommen haben, werden Sie auch schmecken. Hinzu kommen neue Aromen, die sich erst beim Schmelzen der Schokolade entfalten. Verharren Sie ein wenig und konzentrieren Sie sich auf die Aromen. Bei einer hochwertigen Schokolade werden Ihre Geschmacksempfindungen an der Zungenwurzel am nachhaltigsten sein. Wie beim Wein hat eine edle Schokolade auch einen langen Abgang. Geschmack und Aromen können bis zu 45 Minuten nachwirken. Ein früher Abbau des Eigengeschmacks deutet auf eine niedrigere Qualität hin.

Training der Sinne

Jeder Mensch schmeckt und riecht anders und hat individuelle Grenzen, an denen er nichts mehr wahrnimmt. Hinzu kommt, dass durch die Vielzahl künstlicher Gerüche wie Parfüm, Geschmacksverstärker und behandelte Lebensmittel unsere Geruchs- und Geschmacksnerven verkümmert sind. Doch Riechen und Schmecken lässt sich trainieren. Die Natur bietet dafür viele Vergleichsmöglichkeiten. Konzentrieren Sie sich auf die Gerüche um Sie herum: Wie riecht Wald, Regen auf Asphalt, eine frisch gemähte Wiese, frischer Tabak im Vergleich zu Zigarettenrauch? Schnuppern Sie an frischem Obst und Gemüse. Rufen Sie sich auch in Erinnerung, wie Schimmel oder abgestandenes Wasser riecht. Je mehr Gerüche in Ihrem Gedächtnis gespeichert sind, desto mehr Aromen werden Sie in Schokolade schmecken können.

Für das Geschmackstraining brauchen Sie Zucker, Kochsalz sowie Zitronensäure und Koffein aus der Apotheke. Wiegen Sie von jeder Substanz mit einer Briefwaage 0,2 Gramm ab und lösen Sie die Substanzen in jeweils einem Liter geschmacksfreiem, stillem Wasser. Dann probieren Sie, ob Sie den jeweiligen Geschmack (süß, salzig, sauer, bitter) wahrnehmen. Wenn nicht, lösen Sie jeweils weitere 0,2 Gramm im Wasser auf und probieren erneut. Die Wahrnehmungsgrenzen für Zucker liegen meist zwischen 0,5 bis 1 Gramm pro Liter, bei den anderen Substanzen bei 0,1 bis 0,5 Gramm pro Liter.

Die Aromen der Schokolade

Über den trainierten Geruchs- und Geschmackssinn können Sie eine Fülle von Aromen in der Schokolade wahrnehmen: immerhin über 500 verschiedene. Das Aroma einer Schokolade entspricht dem des Kakaos und reicht von schwach über delikat bis hin zu durchdringend. Doch hinter diesem Primäraroma liegen eine Menge von Sekundäraromen, die vom Kakao ebenso wie von seiner Verarbeitung abhängen. Um die Komplexität einer Schokolade wirklich erfassen zu können, müssen Sie auf die Aromen vorbereitet sein und sie benennen können. Das geht sehr einfach, indem Sie Vergleiche zu den Aromen ziehen, die Sie kennen. Überlegen Sie sich beim Probieren, an was Sie der Geschmack erinnert. In der Tabelle über die wichtigsten Aromen der Schokolade auf Seite 39 finden Sie Anregungen, wie Sie vergleichen können. Mit der Zeit werden Sie wesentlich diffizilere Noten erkennen.

Wichtige Aromen auf einen Blick

AROMAFAMILIE	AROMEN	KAKAO-BEISPIEL
Pflanzlich	Gras, Erde, Rinde und Moos, aber auch Pilze und Holz – die ganze Vielfalt tropischer Regenwälder und europäischer Mischwälder	Canoabo
Blumig	Erinnerung an frische Blumen, vor allem Rosen und Orangenblüten, aber auch an frisch gemähte Blumenwiesen	Guasare
Aromatische Kräuter		Sur del Lago Classificado
Röstaromen	geröstetes Brot, Karamell und karamellisierter Zucker, Kaffee, Tabak, Tee, geröstete Nüsse, Zwieback	Ocumare 67
Gewürze	vor allem Vanille, Zimt, Pfeffer, Lakritz, Ingwer, Lorbeer	Rio Caribe Superior
Mineralische Noten	Mineralien, Feuerstein	teilweise in Forastero-Blends
Balsamische Noten	Honig, Wachs, Harz, Butter, Milch	Porcelana
Nüsse und Hülsenfrüchte	Erdnüsse, Paranüsse, Macadamianüsse, Mandeln, auch Bittermandel, Haselnusskerne, Pistazien, Cashewkerne, Walnüsse	Ocumare 61
Früchte	rote Beerenfrüchte wie Johannisbeeren, Brombeeren und Waldbeeren, Zitrusfrüchte, Mango und Papaya, getrocknete Früchte wie Feigen, Datteln und Rosinen, gekochte Früchte und Marmelade	Carenero
Tierische Noten	Leder	vor allem in Forastero-Blends

Auswahl und Verkostung

Um die Aromenwelt der Schokolade zu entdecken, brauchen Sie etwas Geduld. Es ist schon ein Erfolg, beim ersten Probieren eine Aromenfamilie aufzuspüren. Wenn Sie sagen können, diese Schokolade schmeckt fruchtig oder würzig, ist das für den Anfang hervorragend. Da Sie immer weiterprobieren dürfen, werden Sie bei jeder Probe mehr entdecken.

Schokolade auswählen

Haben Sie Ihre Schokoladenfavoriten im Supermarkt? Bei der ersten Verkostung von Edel-Schokolade probieren Sie diese zum Vergleich mit. Wenn Sie Milchschokoladen bevorzugen, wählen Sie zunächst eine Auswahl verschiedener hochwertiger Milchschokoladen aus, zum Beispiel fünf Tafeln – etwa von Valrhona und Amedei –, und zwar die reinen Sorten, ungefüllt und ohne Zugabe von Haselnüssen, Mandeln etc. Nehmen Sie noch eine der hochwertigen dunklen Schokoladen zum Vergleichen dazu. Diese aber erst verkosten, wenn Sie alle Milchschokoladen ausprobiert haben.

Mögen Sie lieber dunkle Schokoladen, dann wählen Sie zusätzlich zu Ihrem Favoriten aus dem Supermarkt einige dunkle Edel-Schokoladen und dazu ein oder zwei hervorragende Milchschokoladen.

Verkosten Sie Schokolade öfter, gehen Sie systematisch vor und stellen die Schokoladen nach bestimmten Kriterien zusammen, beispielsweise nach Kakaosorten – probieren Sie etwa die reinen Porcelana-Schokoladen unterschiedlicher Hersteller. Wählen Sie die Schokoladen nach Anbaugebieten aus oder testen Sie Jahrgangsschokoladen.

Regeln zur Verkostung

Ausgehend von der Qualität verkosten Sie am besten aufsteigend: Beginnen Sie mit einfachen Schokoladen und »arbeiten« Sie sich zu den edelsten Tafeln hoch.

Mischen Sie auf keinen Fall Milchschokolade und dunkle Schokolade, wenn Sie die genauen Aromen herausschmecken wollen. Beim reinen Genießen ist das natürlich erlaubt.

Vergleichen Sie bei Milchschokolade die Wirkung und Intensität der Süße zwischen den verschiedenen Tafeln. Versuchen Sie die Aromen des Kakaos, des Zuckers, der Milch und gegebenenfalls der Vanille zu unterscheiden. Erschmecken Sie die Sekundäraromen oder finden Sie heraus, ob sie durch Zucker überdeckt werden. Bildet eine feine Säure ein ausgewogenes Gegengewicht zur Süße?

Probieren Sie zuletzt die dunkle Schokolade und testen Sie deren Aromenvielfalt. Achten Sie auf das primäre Kakaoaroma; wie ist es zu bewerten? Ist es schwach und kraftlos, delikat oder durchdringend? Welche Sekundäraromen erschmecken Sie? Stehen Bitterkeit und Säure in einem ausgewogenen Verhältnis zur Süße und zu den Aromen? Eine edle Schokolade wird in all ihren Komponenten die perfekte Harmonie ergeben.

Betrachten Sie die Schokolade, hören Sie den Klang. Beginnen Sie erst dann mit der aromatischen Wahrnehmung. Beurteilen Sie beim Riechen die Schokolade nach folgenden Kriterien:

› Reichtum – wie viele Aromen erschmecken Sie?
› Intensität – wie groß ist das Volumen der Aromen?

Die Kriterien, nach denen verkostet wird, können variieren: Die Degustation von dunklen Schokoladen oder Milchschokoladen ist eine gute Übung für Einsteiger. Später können Sie gleiche Kakaosorten unterschiedlicher Anbaugebiete testen, verschiedene Jahrgänge oder gleiche Kakaos unterschiedlicher Hersteller miteinander vergleichen. Viele Chocolatiers stellen auch kleine Verkostungspakete zusammen, die den Einstieg in die Zeremonie der Verkostung erleichtern.

TIROLER EDLE*
mit Edelbitter-Schokolade
Bittercreme
~ handgemacht ~

› Feinheit – wie lässt sich die Qualität der Aromen bewerten? Gibt es unangenehme Aromen?
› Länge – wie lang wirken die Schokolade und ihre einzelnen Aromen nach?

Testen Sie danach die Schokolade auf ihre geschmackliche Balance:
› Süße – wie ist die Qualität der Süße? Gerade bei dunkler Schokolade bewerten Sie, ob die Süße Teil des enthaltenen Zuckers oder eine Eigenschaft eines hochwertigen Kakaos ist.
› Bitterkeit – wie intensiv sind die Bitterstoffe der Schokolade?
› Säure – wie ist die Säure zu bewerten? Stützt sie die Aromen der Schokolade und bildet einen Ausgleich zur Süße oder wirkt sie adstringierend und störend?

Elegante Edel-Schokoladen erkennen Sie an dem perfekten Zusammenspiel von Aussehen und Klang, geschmacklicher und aromatischer Harmonie und einem runden Schmelz sowie einer samtigen Feinheit auf Zunge und Gaumen. Ihre Aromen und ihr Geschmack sind subtil, sie erschlagen nicht – auch, wenn sie lange Zeit schmeckbar sind.

Gefüllte Schokolade und Pralinen

Zum Verkosten ist eine Schokoladentafel ungefüllt und unaromatisiert am besten. Mit Kakaocuvées, also die harmonische Mischung verschiedener Kakaosorten, Hybriden, unterschiedlicher Plantagen oder auch Länder, erschmecken Sie die ganze Bandbreite der Kakaoaromen. Jahrgangs- und reinsortige Schokoladen – etwa eine reine Porcelana-Schokolade – gehören zur absoluten Spitzenklasse. Die Geschmacks- und Aromenerlebnisse sind für einen echten Schokoladenfan kaum noch zu übertreffen.

Ein Genießer und Kenner wird aber auch die aromatisierten und gefüllten Schokoladen und Pralinen nicht verachten. Sei es, dass eine Schokolade nur mit einem Hauch Salz oder Chili gewürzt oder mit einer delikaten Ganache oder Marzipan gefüllt ist – die Qualität der Schokolade hebt hier die Füllung und umgekehrt. Daher lohnt es sich, auch bei der Auswahl von Pralinen und gefüllten Schokoladen auf Qualität zu achten.

Um die besten Sorten herauszufinden, probieren Sie beim ersten Mal zuerst die Füllung, dann die Schokolade. Schmecken Sie neben Zucker auch andere Aromen? Wie ist die Struktur der Füllung? (Sahne darf nicht durchschmecken, sie macht die seidige Feinheit der Füllung aus.) Dann testen Sie die Schokolade auf ihre Eigenschaften. Wenn Sie zum Schluss beides zusammen probieren, achten Sie darauf, wie sich die einzelnen Aromen ergänzen, wie sie miteinander harmonieren oder ob sich störende Noten bemerkbar machen.

Sie mögen für die Verkostung von Schokolade nicht ideal sein, für den puren Genuss sind sie es: gefüllte und aromatisierte Schokoladen und Pralinés. Bei der Reichhaltigkeit des Sortiments haben Sie nur eine Möglichkeit, Ihren Favoriten kennen zu lernen: einmal alles zu probieren.

TRANK DER GÖTTER

VON AZTEKEN-SCHOKOLADE BIS ZUR KARIBISCHEN BANANE

DIE REZEPTE

Aztekenschokolade mit Chili und Vanille

Für 5 Gläser

1/2 Chilischote

150 g dunkle Kuvertüre

1 l Milch

1/2 Vanilleschote

80 g Kakaopulver

100 g Zucker

3 EL Honig

1 Prise Salz

Zubereitungszeit: 20 Min.

1 | Die Chilischote waschen, längs halbieren, von den Kernen befreien, sehr fein hacken und beiseite stellen. Die Kuvertüre auf der Reibe grob reiben.

2 | Die Milch in einen Topf geben. Die Vanilleschote längs aufschlitzen und das Mark herauskratzen, zusammen mit der Schote in die Milch geben. Die Milch einmal kurz aufkochen lassen und vom Herd nehmen.

3 | Die Kuvertüre mit Chilischote, Kakaopulver, Zucker, Honig und Salz in die Vanillemilch rühren. Die Milch bei mittlerer Hitze unter ständigem Rühren aufkochen lassen, durch ein Sieb in die Gläser gießen.

Variante mit Zimt

Für 1 Tasse 50 g dunkle Kuvertüre grob zerkleinern. 200 ml Milch in einen Topf geben, 1/2 Stange Zimt zufügen und 1/2 kleine getrocknete Chilischote dazubröseln. Die Milch aufkochen lassen. Die Kuvertüre dazugeben und alles glatt rühren. Die Schokoladenmilch schmeckt warm oder kalt, auf Eiswürfeln oder mit 1 Kugel Vanilleeis.

Info

Chili und Vanille waren bei den Azteken die typischen Gewürze, mit denen sie ihre Xocolatl verfeinerten, manchmal kamen Piment, ein wenig wilder Honig und andere Gewürze hinzu. Das Getränk schmeckte bitter und wurde mit Wasser statt mit Milch angerührt. Erst die spanischen Eroberer süßten das Getränk mit Zucker, ersetzten den Chili durch Zimt und passten es dem europäischen Geschmack an. Die Aztekenschokolade gibt der sonst üblichen Trinkschokolade ihr ursprüngliches Feuer zurück. Und wer auf den Geschmack gekommen ist, kann ruhig mit ein paar weiteren Gewürzen wie Piment-, Kardamom- oder Ingwerpulver experimentieren.

Im Bild oben: Punsch Dublin
unten: Café chocolat

Café chocolat

Für 1 Tasse

1/8 l starker, frisch gebrühter Kaffee

40 g Edelbitterschokolade

je 1 Prise Zimt- und Kardamompulver

2 TL brauner Zucker

2 cl Crème de Cacao (braun)

1 Klecks Schlagsahne

Zubereitungszeit: 10 Min.

1 | Den Kaffee aufbrühen und in einem Topf erhitzen, aber nicht kochen lassen.

2 | Schokolade, Zimt- und Kardamompulver, Zucker und Crème de Cacao zum Kaffee geben und umrühren. Den Café chocolat in eine Tasse gießen und mit der Sahne garnieren.

Alkoholfreie Variante

Sie können die Crème de Cacao durch 2 cl Schokoladensirup (s. Seite 148) ersetzen.

Info

Crème de Cacao ist ein Kakaolikör, der aus gerösteten Kakaobohnen und Alkohol gewonnen und mit Kräutern sowie Gewürzen verfeinert wird. Es gibt ihn in Braun und Weiß: Der dunkle ist aromatischer, passt gut zu Kaffee, Desserts und als Digestif. Wer den Likör nur zum Mixen von Cocktails verwenden möchte, nimmt den klaren weißen Likör.

Punsch Dublin

Für 6 Gläser

1 Bio-Zitrone

100 g Edelbitterschokolade

50 g Zucker

50 g Honig

5 cl Schokoladensirup (s. Seite 148)

1/2 Stange Zimt

70 cl Irish Whiskey

Muskatnuss, frisch gerieben

Zubereitungszeit: 15 Min.

1 | Die Zitrone waschen und abtrocknen. Die Schale abreiben und den Saft auspressen. Die Schokolade grob zerkleinern.

2 | 1/2 l Wasser in einem Topf zum Kochen bringen. Zitronensaft und -schale, Zucker, Honig, Schokoladensirup, Schokolade, Zimtstange und Whiskey einrühren. Den Topf vom Herd nehmen und den Punsch 5 Min. ziehen, aber nicht mehr kochen lassen.

3 | Die Zimtstange entfernen. Den Punsch in die Gläser gießen und jeweils etwas Muskatnuss darüber reiben.

Choco Mystery

Für 1 Glas

2 cl Schokoladensirup (s. Seite 148)

2 cl Cream of Coconut

4 cl Sahne

4 cl Milch

Zubereitungszeit: 5 Min.

Schokoladensirup, Cream of Coconut, Sahne und Milch in einen Shaker geben. Den Shaker fest verschließen und 10 Sek. kräftig schütteln. Die Mischung aus dem Shaker in ein Glas gießen.

Tipp

Cream of Coconut gibt es in Dosen im Getränkeregal gut sortierter Supermärkte und wird zum Mixen von Cocktails verwendet. Das Püree aus Kokosnussfett, Kokosmilch und Rohrzucker ist dickflüssiger und geschmacksintensiver als Kokosmilch, sie ist daher kein Ersatz für Cream of Coconut.

Karamell-Schokoladenmilch

Für 1 Tasse

2 cl Schokoladensirup (s. Seite 148)

2 cl Karamellsirup (s. Seite 148)

20 cl Milch

Zubereitungszeit: 5 Min.

Schokoladensirup, Karamellsirup und Milch in einen Mixer geben und alles etwa 1 Min. mixen. Den Inhalt aus dem Mixer in eine Tasse gießen.

Tipp

Im Winter schmeckt die Karamell-Schokoladenmilch auch heiß: Dafür die Milch in einem Topf erwärmen und den Sirup einrühren.

Lumumba-Milch-Shake

Für 1 Glas

2 cl Cognac oder Rum

3 cl Schokoladensauce (Fertigprodukt)

4 cl Sahne

1 Kugel Schokoladen- oder Vanilleeis

Außerdem:

1 Scheibe Babyananas oder 1 Physalis

Zubereitungszeit: 5 Min.

1 | Cognac oder Rum, Schokoladensauce, Sahne und Eis in einen Mixer geben und alles etwa 2 Min. mixen. Den Inhalt aus dem Mixer in ein Glas gießen.

2 | Die Ananasscheibe bis zur Mitte einschneiden. Oder von der Physalis die Hülle öffnen und zusammenzwirbeln. Die Frucht etwas einschneiden. Jeweils an den Glasrand stecken.

Karibische Banane

Für 1 Glas

80 g Banane

18 cl Milch

2 cl brauner Rum

5 cl Crème de Bananes

1 Kugel Vanilleeis

8 cl Schokoladensirup (s. Seite 148)

Außerdem:

3–4 Eiswürfel

Zubereitungszeit: 8 Min.

1 | Die Banane schälen und mit Milch, Rum, Crème de Bananes, Vanilleeis und Schokoladensirup in ein hohes Gefäß geben. Mit dem Pürierstab pürieren.

2 | Die Eiswürfel in ein großes Becherglas geben und den Cocktail darüber gießen.

Im Bild rechts: Piña Chocolada
links: Orangen-Schokolade

Orangen-Schokolade

Für 1 Glas

4 Blutorangen

30 g Zucker

30 g weiße Kuvertüre

gestoßenes Eis

4 cl weißer Bitterorangenlikör (z. B. Curaçao Triple sec)

1/2 Orangenscheibe (nach Belieben)

Zubereitungszeit: 30 Min.

1 | Den Saft der Orangen auspressen. Mit dem Zucker in einen Topf geben, zum Kochen bringen und so lange köcheln lassen, bis sich der Saft sirupartig um ein Drittel reduziert hat.

2 | Inzwischen die Kuvertüre fein reiben und in den Orangensirup einrühren. Die Mischung etwa 30 Min. in den Kühlschrank stellen.

3 | Ein Glas zur Hälfte mit gestoßenem Eis füllen. Den kalten Orangensirup darüber gießen und den Likör mit einem Löffel einrühren. Nach Belieben 1/2 Orangenscheibe an den Glasrand stecken.

Piña Chocolada

Für 1 Glas

2 cl weißer Rum

4 cl Batida de Coco

4 cl Kokosnussmark

4 cl Ananassaft

4 cl Schokoladensirup (s. Seite 148)

Außerdem:

gestoßenes Eis

Zubereitungszeit: 8 Min.

1 | Ein Longdrinkglas zur Hälfte mit gestoßenem Eis füllen. Rum, Batida de Coco, Kokosnussmark und Ananassaft darüber gießen und mit dem Löffel kräftig verrühren.

2 | Den Schokoladensirup vorsichtig als abschließende Schicht darüber gießen.

Schokoladen-Pfirsich-Cocktail

Für 1 Glas

2 Pfirsiche (ersatzweise Pfirsiche aus der Dose)

1 cl Läuterzucker (s. Seite 148)

1 cl Limettensaft

2 cl brauner Zucker

4 cl Pfirsichlikör (z. B. Pepino Peach)

4 cl Schokoladensirup (s. Seite 148)

Außerdem:

3–5 Eiswürfel

Zubereitungszeit: 10 Min.

1 | Die Pfirsiche kurz überbrühen, häuten, halbieren und vom Kern befreien (Pfirsiche aus der Dose abtropfen lassen). Das Fruchtfleisch, Läuterzucker, Limettensaft, Zucker, Pfirsichlikör und Schokoladensirup in ein hohes Gefäß geben und mit dem Pürierstab fein pürieren.

2 | Die Eiswürfel in ein Cocktailglas geben und den Cocktail darüber gießen.

Passionsfrucht-Schokolade

Für 1 Glas

4 cl Passionsfrucht-Sirup (s. Tipp)

1 cl weißer Rum

4 cl Sahne

4 cl Schokoladensirup (s. Seite 148)

Außerdem:

Shaker

Zubereitungszeit: 25 Min.

1 | Passionsfrucht-Sirup, Rum und Sahne in einen Shaker geben. Den Shaker verschließen und 12 Sek. kräftig schütteln. Die Mischung aus dem Shaker in ein Cocktailglas gießen.

2 | Den Schokoladensirup vorsichtig als abschließende Schicht darüber gießen.

Tipp

Für den Passionsfrucht-Sirup 120 ml Passionsfruchtsaft, 100 g Zucker und 2 Sternanis in einen Topf geben, aufkochen und so lange köcheln lassen, bis sich der Saft um ein Viertel reduziert hat. Den Sirup abkühlen lassen. Im Kühlschrank hält er sich 5 Tage, Sie können den Rest aber auch einfrieren. Die Menge reicht für etwa 6 Drinks.

GLÜCK, DAS MAN ESSEN KANN

ZART SCHMELZENDES KONFEKT UND FEINES GEBÄCK

DIE REZEPTE

Im Bild rechts: Weiße Schokoladentrüffel
links: Dunkle Bittertrüffel

Dunkle Bittertrüffel

Für 30–40 Stück

250 g dunkle Kuvertüre

200 g Sahne

10 g Glukosesirup (Reformhaus oder Konditor)

30 g geklärte Butter (s. Tipp)

100–150 g temperierte dunkle Kuvertüre (s. Seite 147)

Kakaopulver zum Wälzen

Zubereitungszeit: 50 Min.
Ruhezeit: 14 Std.

1 | Die dunkle Kuvertüre grob hacken. Sahne mit Glukosesirup und geklärter Butter 2-mal aufkochen lassen und vom Herd ziehen. Die Kuvertüre einrühren. Die Masse auf ein Blech gießen und bei Zimmertemperatur abkühlen lassen.

2 | Die Trüffelmasse in einen Spritzbeutel füllen. 30–40 etwa 10 g schwere Kugeln auf ein zweites Blech spritzen und etwa 2 Std. kalt stellen. Die Kugeln mit der Hand nachformen und mit Folie abgedeckt über Nacht bei Zimmertemperatur (etwa 18°) stehen lassen.

3 | Am nächsten Tag die Trüffel in die temperierte Kuvertüre tauchen und in Kakaopulver wälzen.

Tipp

Für die geklärte Butter 50 g Butter in einem Topf schmelzen lassen, bis sie schäumt. Den Schaum abschöpfen und das Erwärmen und Abschäumen so lange wiederholen, bis kein Schaum mehr entsteht.

Weisse Schokoladentrüffel

Für 30–40 Stück

300 g weiße Kuvertüre

150 g Sahne

100–150 g temperierte weiße Kuvertüre (s. Seite 147)

Außerdem:

Pariserlöffel (Kartoffelbohrer)

Pralinékapseln

Zubereitungszeit: 50 Min.
Ruhezeit: 14 Std.

1 | Die Kuvertüre grob hacken und in eine Schüssel geben. Die Sahne aufkochen lassen, über die Kuvertüre gießen und schmelzen lassen. Die Masse im Kühlschrank 2 Std. abkühlen lassen.

2 | Aus der Trüffelmasse mit einem Pariserlöffel kleine Kugeln ausstechen, dabei den Pariserlöffel in heißes Wasser tauchen. Die Kugeln auf Pergamentpapier setzen.

3 | Die Kugeln mit einer Gabel nacheinander in die temperierte weiße Kuvertüre tauchen, auf einem grobmaschigen Gitter absetzen und mit dem Gitter hin und her rollen, bis die Kuvertüre die typischen kleinen Trüffelspitzen bekommt.

4 | Die Trüffel an einem kühlen Ort 12 Std. ruhen lassen, dann in Pralinékapseln setzen.

Tipp

Trüffel, die mit Sahne zubereitet werden, sollten Sie kühl und in einer gut verschließbaren Dose aufbewahren – möglichst nicht im Kühlschrank. Dann sind sie etwa 2 Wochen haltbar.

Im Bild rechts und links: Würzige Pralinen mit Koriander
Mitte: Kandierte Orangen mit Schokolade

Kandierte Orangen mit Schokolade

Für 40 Stück

2 Bio-Orangen

600 g Zucker

1 Vanilleschote

100–150 g temperierte dunkle Kuvertüre (s. Seite 147)

Außerdem:

Backpapier

Zubereitungszeit: 1 Std.
Marinierzeit: 4 Tage

1 | Orangen waschen, abtrocknen und quer halbieren. Jede Hälfte in 10 Ecken teilen.

2 | 300 ml Wasser mit 150 g Zucker in einen Topf geben. Vanilleschote längs aufschlitzen, das Mark herauskratzen und dazugeben. Das Zuckerwasser aufkochen lassen. Orangenecken zufügen, mit einem kleineren Deckel beschweren, so dass die Orangen ganz bedeckt sind, und 30 Sek. kochen lassen. Beiseite stellen und 1 Tag ziehen lassen.

3 | Am nächsten Tag die Orangenecken durch ein Sieb abgießen, dabei den Fond in einem Topf auffangen. Den Fond mit 150 g Zucker zum Kochen bringen. Die Orangenecken wieder dazugeben, wieder mit einem kleinen Deckel beschweren und 30 Sek. kochen lassen. Beiseite stellen und 1 weiteren Tag ziehen lassen. Diesen Vorgang zweimal wiederholen, bis der Zucker aufgebraucht ist.

4 | Nach insgesamt 4 Tagen die kandierten Orangenecken abtropfen lassen und jeweils zur Hälfte in die temperierte Kuvertüre tauchen. Auf einem mit Backpapier belegten Backblech trocknen lassen. In einer gut verschließbaren Dose sind sie etwa 6 Wochen haltbar.

Würzige Pralinen mit Koriander

Für ca. 20–30 Stück

250 g dunkle Kuvertüre

200 g Sahne

2 TL Zucker

10 g Glukosesirup (Reformhaus oder Konditor)

5 g gemahlener Koriander

30 g geklärte Butter (s. Tipp Seite 58)

100 g Milchkuvertüre (oder weiße Kuvertüre)

Außerdem:

Backpapier

1 Kapselrahmen (40 x 50 cm)

Zubereitungszeit: 40 Min.
Kühlzeit: 2 Std.
Ruhezeit: über Nacht

1 | Die dunkle Kuvertüre grob hacken. Ein Backblech mit Backpapier auslegen, den Kapselrahmen darauf setzen. Sahne mit Zucker, Glukosesirup, gemahlenem Koriander und geklärter Butter aufkochen lassen und vom Herd ziehen. Wieder aufkochen lassen und beiseite stellen.

2 | Die dunkle Kuvertüre einrühren. Die so genannte Ganache in den Kapselrahmen gießen und im Kühlschrank 2 Std. abkühlen lassen.

3 | Die kalte Ganache in 20–30 etwa 2 x 2,5 cm große Pralinenstücke schneiden und über Nacht bei 18° ruhen lassen.

4 | Die Milch- oder weiße Kuvertüre schmelzen und temperieren (s. Seite 147). Die Pralinen damit überziehen und mit den Zinken einer Gabel verzieren.

Info

Ganache ist eine feste Creme aus dunkler, heller oder weißer Schokolade und Sahne bzw. Crème fraîche. Sie wird zum Füllen von Pralinen, Trüffeln oder auch Torten verwendet und häufig mit Kaffee, Likör, Butter oder Gewürzen verfeinert. Wie so manche Leckerei wurde auch die Ganache in der Mitte des 19. Jahrhunderts von einem Pariser Patisseur erfunden.

Périgord Milchtrüffel

Für ca. 40 Stück

350 g Milchkuvertüre

100 g Sahne

50 g Zucker

100 g zimmerwarme Butter

Kakaopulver zum Wälzen

Außerdem:

1 Spritzbeutel

Pralinékapseln

Zubereitungszeit: 30 Min.
Kühlzeit: 3 Std.

1 | Kuvertüre grob hacken. Sahne aufkochen lassen, Zucker und Kuvertüre zugeben und einrühren. Die Ganache im Kühlschrank auf Zimmertemperatur abkühlen lassen.

2 | Die Butter mit dem Schneebesen schaumig schlagen. Die Ganache zugeben und verrühren.

3 | Pergament- oder Backpapier auf der Arbeitsfläche auslegen. Die Ganache in einen Spritzbeutel geben und in Kugeln auf das Papier spritzen. Die Trüffel mit einem Messer ablösen, vorsichtig in Kakaopulver wälzen und in Pralinékapseln setzen.

Karamellbonbons

Für ca. 30 Stück

100 g dunkle Kuvertüre

100 g Zucker

100 g Honig

100 g Butter

Außerdem:

Butter für das Blech

Zubereitungszeit: 25 Min.

1 | Das Backblech einfetten. Die Kuvertüre auf der Reibe fein reiben. Zucker in einen Topf geben und unter ständigem Rühren karamellisieren lassen, bis er goldgelb ist. Den Honig zügig unterrühren und aufkochen lassen, bis es etwas schäumt. Die Butter einrühren.

2 | Den Topf beiseite stellen, die Kuvertüre bei schwacher Hitze unterrühren, bis die Kuvertüre geschmolzen ist und die Masse eine gleichmäßige Konsistenz hat.

3 | Die Karamellmasse auf das Blech streichen und kalt werden lassen. Den Karamell auf eine glatte Fläche stürzen und in ca. 30 Würfel oder Rauten schneiden.

Karibische Rumkugeln

Für ca. 40 Stück

100 g Sultaninen

2 cl brauner Rum

200 g dunkle Kuvertüre

150 g Butter

180 g Puderzucker

50 g Kokosraspel zum Wälzen

Außerdem:

Pralinékapseln

Zubereitungszeit: 40 Min.
Marinierzeit: 4 Std.
Kühlzeit: 2 Std.

1 | Sultaninen in Rum einlegen und etwa 4 Std. ziehen lassen. Kuvertüre grob zerkleinern und schmelzen lassen. Butter mit Puderzucker schaumig schlagen, Kuvertüre, 2 EL heißes Wasser und die Sultaninen zugeben. Die Ganache abgedeckt 2 Std. in den Kühlschrank stellen.

2 | Die Kokosraspel in einer kleinen Pfanne ohne Fett rösten. Aus der Ganache etwa 40 walnussgroße Kugeln formen. Die Rumkugeln in den Kokosraspeln wälzen und in die Pralinékapseln setzen.

Crunchies

Für ca. 20 Stück

100 g Nougat

150 g temperierte dunkle Kuvertüre (s. Seite 147)

75 g Cornflakes

Kakaopulver zum Bestäuben

Außerdem:

Backpapier

Zubereitungszeit: 25 Min.
Kühlzeit: 1 Std.

1 | Das Nougat leicht erwärmen und mit der temperierten Kuvertüre verrühren. Cornflakes unterheben.

2 | Die Masse mit 2 Teelöffeln in 20 kleine Häufchen auf Backpapier setzen und in etwa 1 Std. abkühlen lassen. Mit Kakaopulver bestreuen.

Variante mit Mandeln

Sie können die Cornflakes auch durch 200 g geröstete Mandelstifte ersetzen.

Im Bild rechts: Schokoladenmakronen
links: Nerohörnchen

Schokoladenmakronen

Für ca. 40 Stück

Für die Makronen:

125 g Puderzucker

1 gehäufter EL Kakaopulver

60 g gemahlene Mandeln

2 Eiweiße | 2 EL Zucker

Für die Schokoladenganache:

75 g dunkle Kuvertüre

50 g Milchkuvertüre

60 g Sahne

Außerdem:

Silpatmatte (ersatzweise Backpapier)

Spritzbeutel mit Lochtülle

Zubereitungszeit: 35 Min.
Backzeit: ca. 15 Min.

1 | Für die Makronen Puderzucker und Kakaopulver durchsieben und mit den Mandeln mischen. Die Eiweiße mit dem Zucker steif schlagen und die Kakaomischung unter den Eischnee heben.

2 | Den Backofen auf 190° (Umluft 170°) vorheizen. Die Silpatmatte auf ein Blech legen. Die Masse in den Spritzbeutel füllen und etwa 40 kleine Makronen auf die Silpatmatten spritzen. Im Backofen (Mitte) 10–15 Min. backen.

3 | Für die Ganache die beiden Kuvertüren grob hacken. Die Sahne aufkochen lassen, die Kuvertüren dazugeben und schmelzen lassen. Die Schokoladenganache abkühlen lassen. Jeweils 2 Makronen auf der Unterseite mit der Schokoladenganache bestreichen und zusammensetzen. In einer gut verschließbaren Dose sind sie etwa 2 Wochen haltbar.

Info

Die Silpatmatte ist eine Silikonmatte, die Sie wie Backpapier verwenden können. Sie ist flexibel und hitzebeständig wie das Backpapier. Durch ihre höhere Stabilität ist sie leichter zu handhaben. Als Ersatz können Sie aber immer Backpapier verwenden.

Nerohörnchen

Für ca. 30 Stück

1/2 Vanilleschote

175 g Butter

125 g Puderzucker

7 Eigelbe

200 g Mehl

ca. 100 g temperierte dunkle Kuvertüre (s. Seite 147)

Außerdem:

Silpatmatte (ersatzweise Backpapier)

Spritzbeutel mit großer Lochtülle

Zubereitungszeit: 25 Min.
Backzeit: ca. 15 Min.

1 | Die Vanilleschote längs aufschlitzen und das Mark herauskratzen. Die Butter mit Puderzucker und Vanillemark schaumig schlagen. Nach und nach die Eigelbe zufügen und unterschlagen. Das Mehl unterrühren.

2 | Den Backofen auf 200° (Umluft 180°) vorheizen. Die Silpatmatte auf ein Blech legen. Den Teig in einen Spritzbeutel füllen und 30 kleine Hörnchen darauf spritzen. Im Backofen (Mitte) in etwa 15 Min. goldbraun backen. Herausnehmen und abkühlen lassen.

3 | Die Enden der Hörnchen jeweils in die temperierte dunkle Kuvertüre tauchen. Auf einem Kuchengitter antrocknen lassen. In einer gut verschließbaren Dose sind die Hörnchen etwa 2 Wochen haltbar.

Schokoladen-Orangen-Gebäck

Für ca. 16 Stück

Für den Teig:

1 Bio-Orange

40 g Butter

Salz

1 Eiweiß

40 g Zucker

50 g Mehl

15 g Kakaopulver

1/2 TL Backpulver

Für die Orangen-Chantilly:

1 EL Orangensaft

2 TL Orangenlikör (z. B. Grand Marnier)

70 g dunkle Kuvertüre

100 g Sahne

Außerdem:

Backpapier

Spritzbeutel

30 Ornamente aus weißer Kuvertüre (s. Seite 140)

Zubereitungszeit: 45 Min.
Backzeit: ca.15 Min.

1 | Für den Teig die Orange waschen, abtrocknen und die Schale abreiben. Den Backofen auf 190° (Umluft 170°) vorheizen. Butter mit Salz und Orangenschale schaumig schlagen. Eiweiß mit Zucker steif schlagen. Das Mehl mit Kakao- und Backpulver mischen, über die Butter sieben und verrühren. Den Eischnee unterheben.

2 | Das Backblech mit Backpapier belegen. Den Teig in der Größe 16 x 16 cm darauf streichen. Im Backofen (Mitte) in 10–15 Min. backen. Herausnehmen und abkühlen lassen. Den Teigboden in 16 etwa 4 x 4 cm große Quadrate schneiden.

3 | Inzwischen für die Chantilly Orangensaft und Orangenlikör in einen Topf geben und erwärmen. Die Kuvertüre zufügen und unter Rühren schmelzen, dann 5 Min. abkühlen lassen.

4 | Die Sahne steif schlagen und unter die kalte Masse heben. In einen Spritzbeutel füllen und auf die Quadrate spritzen. Mit je einem Ornament aus weißer Kuvertüre verzieren.

Info

Chantilly ist ein Schlösschen nördlich von Paris, an dem einst der berühmte Koch Varel wirkte. Mit den Gerichten à la Chantilly hat der Meister jedoch nichts zu tun. Der Name der verschiedenen Chantilly-Gerichte besagt nur, dass sie mit geschlagener Sahne zubereitet werden.

SCHOKOLADIGE HAUTE COUTURE

FEINE DESSERTS UND TORTEN

DIE REZEPTE

Im Bild rechts: Weißes Schokoladeneis
links: Alejandros Schokoladenkuchen

Weisses Schokoladeneis

Für ca. 1 l Eis

100 g weiße Kuvertüre

1/4 l Milch

250 g Sahne

5 Eigelbe | 90 g Zucker

Zubereitungszeit: 50 Min.
Gefrierzeit: 20–40 Min. in der Eismaschine; 4–5 Std. ohne Eismaschine

1 | Ein Wasserbad vorbereiten. Die Kuvertüre grob hacken. Milch und Sahne in einen Topf geben und aufkochen lassen.

2 | Die Eigelbe in einer Metallschüssel mit dem Zucker schaumig rühren. Die heiße Milch-Sahne-Mischung dazugießen, dabei zügig und gleichmäßig mit dem Schneebesen rühren. Die Eismasse über dem Wasserbad unter ständigem Rühren bis zur Rose abziehen (s. Seite 156).

3 | Die Kuvertüre dazugeben und unterrühren Die Masse in 4 Std. abkühlen lassen, dann in der Eismaschine in 20–40 Min. gefrieren lassen. Dazu passt Schokoladenkuchen.

Tipp

Wenn Sie keine Eismaschine haben, können Sie die Metallschüssel mit der Eismasse 4–5 Std. ins Gefrierfach stellen. Die Masse zwischendurch, am besten alle 30 Min., kräftig durchrühren, damit sich keine Eiskristalle bilden und das Eis cremiger wird.

Alejandros Schokoladenkuchen

Für 1 Springform von 28 cm Ø

500 g dunkle Kuvertüre

300 g Butter

70 ml Orangensaft

8 Eier | 300 g Zucker

1 Vanilleschote

45 g Mehl | 1 Prise Salz

Außerdem:

Butter für die Form

Puderzucker zum Bestäuben

Zubereitungszeit: 30 Min.
Backzeit: ca. 25 Min.

1 | Den Backofen auf 200° (Umluft 180°) vorheizen. Die Springform einfetten. Die Kuvertüre grob zerkleinern, mit der Butter in einem Topf bei schwacher Hitze schmelzen lassen. Den Orangensaft einrühren.

2 | Eier und Zucker schaumig schlagen. Die Vanilleschote längs aufschlitzen und das Mark herauskratzen, mit der Kuvertürenmischung, Mehl und Salz zur Eiermasse geben und alles gut verrühren.

3 | Den Teig in die Form füllen. Im Backofen (Mitte) etwa 25 Min. backen. Herausnehmen, auskühlen lassen und mit Puderzucker bestäuben.

Tipp

Wem dieser Kuchen zu gehaltvoll ist, kann die Zutatenmenge halbieren und den Teig in eine kleine Springform von 18 cm Ø füllen und wie beschrieben backen. In kleinen Stücken zum Espresso oder als Dessert servieren.

Schokoladen-Bananen-Eis

Für ca. 750 ml Eis

100 g dunkle Kuvertüre

1/4 l Milch

250 g Sahne

5 Eigelbe

110 g Zucker

125 g Bananenfruchtfleisch

Zubereitungszeit: 40 Min.
Gefrierzeit: 20–40 Min. in der Eismaschine;
4–5 Std. im Gefrierfach

1 | Ein Wasserbad vorbereiten. Die Kuvertüre grob hacken. Milch und Sahne in einen Topf geben und aufkochen lassen.

2 | Die Eigelbe in einer Metallschüssel mit dem Zucker schaumig schlagen. Die heiße Milch-Sahne-Mischung dazugießen, dabei zügig und gleichmäßig mit dem Schneebesen rühren. Die Eismasse über dem Wasserbad unter ständigem Rühren bis zur Rose abziehen (s. Seite 156).

3 | Die Kuvertüre mit dem Bananenfruchtfleisch zu der Eismasse geben, mit dem Mixer etwa 2 Min. verrühren und in der Eismaschine in 20–40 Min. gefrieren lassen. Oder die Metallschüssel mit der Eismasse 4–5 Std. ins Gefrierfach stellen. Die Masse alle 30 Min. kräftig durchrühren, damit sich keine Eiskristalle bilden und das Eis cremiger wird.

Serviertipp

Servieren Sie das Schokoladen-Bananen-Eis mit Obstsalat, z. B. Orangenfilets, Ananas-Mangosalat oder Bananen-Maracujasalat.

Ananas-Mango-Salat

Für 4 Personen 1/2 reife Mango und 1/4 Ananas schälen und in kleine Würfel schneiden. 100 ml Orangensaft mit 50 ml Maracujasaft, 75 g Zucker und 1/2 aufgeschnittenen Vanilleschote aufkochen lassen. 1 TL Speisestärke in kaltem Wasser anrühren und unter den Saft rühren. Mit den Früchten mischen und den Salat abkühlen lassen.

Bananen-Maracuja-Salat

Für 4 Personen 100 ml Maracujasaft mit 100 g Zucker und 1/2 aufgeschnittenen Vanilleschote aufkochen lassen. 1 TL Speisestärke in kaltem Wasser anrühren, unter den Saft rühren und abkühlen lassen. 2 Bananen schälen, in Scheiben schneiden und fächerförmig auf Tellern anrichten. 1 Maracuja waschen und halbieren. Die Kerne herauslösen und auf den Bananenscheiben verteilen. Die Fruchtsaftsauce darüber gießen.

Variante: Schokoladen-Ingwer-Eis

An Stelle von Bananen 100 g Ingwer schälen, fein reiben und zusammen mit Milch und Sahne aufkochen und 20 Min. ziehen lassen. Nach dem Abziehen zur Rose die Eismasse durch ein Sieb passieren und gefrieren lassen. Dazu passt Alejandros Schokoladenkuchen (s. Seite 70).

Geeister Cappuccino

Für 4 Tassen

Für das Schokoladensorbet:

200 g dunkle Kuvertüre

100 g Zucker

Für die Kaffeesabayon:

150 ml frisch zubereiteter Kaffee oder Espresso

4 Eigelbe

80 g Zucker

1 Schuss Cognac (nach Belieben)

Außerdem:

ca. 200 ml Milch zum Aufschäumen

Kakaopulver

Zubereitungszeit: 45 Min.
Gefrierzeit: 20–40 Min. in der Eismaschine;
5–6 Std. ohne Eismaschine

1 | Für das Sorbet die Kuvertüre grob hacken. 1/2 l Wasser mit Zucker aufkochen lassen. Die Kuvertüre unter Rühren schmelzen lassen. Die Mischung in 20–40 Min. in der Eismaschine gefrieren lassen. Oder 5–6 Std. ins Gefrierfach stellen, dabei alle 30 Min. kräftig durchrühren. Die Cappuccinotassen (ca. 200 ml) vorkühlen.

2 | Ein Wasserbad vorbereiten. Für die Sabayon Kaffee oder Espresso mit Eigelben, Zucker und nach Belieben Cognac in einer Metallschüssel über dem Wasserbad aufschlagen, bis die Sabayon cremig ist.

3 | Die Kaffeesabayon in die Tassen füllen, 1 Kugel Schokoladensorbet darauf setzen. Die Milch entweder mit der Dampfdüse der Espressomaschine, mit dem Milchaufschäumer, Miniquirl, Schneebesen oder Pürierstab aufschäumen. Jeweils einen Klecks auf das Sorbet geben und mit Kakaopulver bestäuben.

Schokoladenparfait

Für 1 Gugelhupf- oder Springform von 26 Ø

250 g dunkle Kuvertüre

550 g Sahne

5 Eigelbe

125 g Zucker

1 Prise Salz

1 EL brauner Rum (nach Belieben)

Zubereitungszeit: 30 Min.
Kühlzeit: 2–3 Std.

1 | Ein Wasserbad vorbereiten. Die Form mit Klarsichtfolie auskleiden. Die Kuvertüre grob hacken und in einem Topf schmelzen lassen. Die Sahne steif schlagen und kalt stellen.

2 | Die Eigelbe mit Zucker und Salz in einer Metallschüssel über dem Wasserbad kurz aufschlagen, bis der Zucker geschmolzen ist. Herausnehmen und kurz kalt weiterschlagen (s. Seite 159).

3 | Kuvertüre, nach Belieben Rum und Sahne zügig unterheben. Die Parfaitmasse in die Gugelhupf- oder Springform füllen und in 2–3 Std. im Kühlschrank kalt werden lassen. Zum Servieren auf einen Teller stürzen, die Folie entfernen und das Parfait in Stücke schneiden.

Variante mit Schokostückchen und Birne

Sie können zusätzlich 50 g Kuvertüre reiben und unter die Parfaitmasse rühren. Und das Parfait mit 1/2 in Weißwein pochierten Williamsbirne pro Person servieren.

Im Bild: Mousse au chocolat

Mousse au chocolat

Für 4 Personen

200 g Sahne

2 Eier

50 g Zucker

1/2 Tasse frisch zubereiteter Espresso (ca. 15 ml)

1 cl brauner Rum

150 g Kuvertüre

Schokospäne oder -ornamente zum Garnieren (s. Seite 140)

Zubereitungszeit: 25 Min.
Kühlzeit: 2 Std.

1 | Die Sahne steif schlagen und kalt stellen. Die Eier trennen. Die Eiweiße mit 20 g Zucker steif schlagen und kalt stellen. Eigelbe mit 30 g Zucker schaumig schlagen.

2 | Espresso, Rum und je 3 EL Eischnee und Sahne unter die Eiermasse rühren.

3 | Die Kuvertüre schmelzen lassen und zusammen mit der restlichen Sahne und dem übrigen Eischnee unter die Eiermasse heben.

4 | In eine Schüssel oder Gläser füllen und 2 Std. kalt stellen. Oder in Nocken auf Tellern anrichten. Mit Schokospänen oder Schokoornamenten garnieren und servieren.

Variante: Weiße Mousse au chocolat

Für 4 Personen 2 Blatt Gelatine in kaltem Wasser einweichen. 200 g Sahne steif schlagen und kalt stellen. 2 Eiweiße mit 15 g Zucker steif schlagen. 3 Eigelbe mit 10 g Zucker schaumig schlagen. Gelatine ausdrücken und auflösen, mit 1 EL Orangenlikör (z. B. Cointreau), je 3 EL Eischnee und Sahne verrühren. 175 g weiße Kuvertüre schmelzen lassen, zusammen mit der restlichen Sahne und dem übrigen Eischnee unter die Eiermasse heben und kalt stellen.

Schokoladensabayon

Für 4 Personen

300 ml Milch

3 Eigelbe

80 g Zucker

1 EL Kakaopulver

2 cl Crème de Cacao (braun)

Zubereitungszeit: 15 Min.

1 | Ein Wasserbad vorbereiten. Milch, Eigelbe, Zucker, Kakaopulver und Crème de Cacao in eine passende Metallschüssel geben.

2 | Die Mischung über dem Wasserbad so lange schlagen, bis sie cremig ist. Die Sabayon mit Vanille- oder Haselnusseis servieren.

Schokoladen-Triangel

Für ca. 10 Stück

1/4 Rezept weiße Mousse au chocolat (s. Variante S. 76)

40 g Himbeeren (oder Kirschen)

ca. 125 g temperierte dunkle Kuvertüre (s. Seite 147)

1/4 TL Zimtpulver

Außerdem:

Backpapier

Zubereitungszeit: 50 Min.
Kühlzeit: 1 Std.

1 | Die weiße Mousse au chocolat nach dem Rezept auf Seite 76 zubereiten. Die Himbeeren verlesen. Aus Backpapier 10 etwa 10 x 10 cm große Quadrate schneiden. Die temperierte Kuvertüre mit einem Spatel oder Pinsel auf die Papierquadrate streichen.

2 | In die Mitte der Quadrate jeweils 1 EL Mousse geben, etwas Zimtpulver darüber streuen und je 1 Himbeere obenauf setzen. Sofort 3 Ecken oder 2 gegenüberliegende Ecken der noch biegsamen Quadrate nach oben klappen und im Kühlschrank 1 Std. auskühlen lassen.

3 | Das Backpapier vorsichtig abziehen. Die Triangel auf Tellern anrichten und servieren.

Schokoladen-Cannelloni

Für 4 Personen

1 Rezept Mousse au chocolat (s. Seite 76)

Für die Crêpes:

100 g Mehl | 30 g Kakaopulver

3 Eier | 15 g Zucker

1 Prise Salz | 1/4 l Milch

Außerdem:

Öl zum Backen

Puderzucker zum Bestäuben

Zubereitungszeit: 50 Min.

1 | Die Mousse au chocolat nach dem Rezept auf Seite 76 zubereiten.

2 | Für die Crêpes Mehl mit Kakaopulver, Eiern, Zucker und Salz verrühren. Nach und nach die Milch unterrühren.

3 | Aus dem Teig nacheinander 8 dünne Crêpes backen. Dafür jeweils etwas Öl in einer beschichteten Pfanne (etwa 20 Ø) erhitzen, je ein Achtel von dem Teig hineingeben und von beiden Seiten backen, bis sie goldbraun sind. Herausnehmen und abkühlen lassen.

4 | Die Mousse au chocolat in die Mitte der Crêpes geben und verstreichen. Die Crêpes einrollen, die Enden abschneiden und die Cannelloni mit Puderzucker bestreuen. Dazu passt Walnusseis.

Schneeeier auf Schokoladencreme

Für 4 Personen

Für die Schneeeier:

2 Eiweiße | 70 g Zucker

40 g Amarenakirschen (aus dem Glas)

1/2 Vanilleschote | 1 l Milch

Für die Milchschokoladencreme:

150 g Vollmilchkuvertüre

Für das Kouikeras-Gebäck:

30 g Puderzucker

30 g Mehl | 70 g Speisestärke

2 Eiweiße

Außerdem:

Öl zum Frittieren

1 Spritzbeutel mit kleiner Lochtülle

Zubereitungszeit: 50 Min.

1 | Die Eiweiße mit Zucker steif schlagen. Die Amarenakirschen klein schneiden. Die Vanilleschote längs aufschlitzen und das Mark herauskratzen. Mit den Amarenakirschen vorsichtig unter den Eischnee heben.

2 | Die Milch erhitzen. Mit 2 Esslöffeln von der Eischneemasse eiförmige Nocken abstechen, in der Milch 15 Min. ziehen, aber nicht kochen lassen. Herausnehmen und abkühlen lassen. Von der Milch 300 ml abnehmen und beiseite stellen.

3 | Für die Creme die Kuvertüre grob hacken. Die beiseite gestellte Milch aufkochen lassen, die Kuvertüre in die Milch geben und glatt verrühren. Die Mischung 2 Std. kalt stellen.

4 | Für das Gebäck Puderzucker, Mehl und Speisestärke in eine Schüssel sieben und mit den Eiweißen zu einem glatten Teig verarbeiten.

5 | Das Öl in einer Pfanne auf etwa 180° erhitzen. Den Teig in den Spritzbeutel füllen und in das heiße Öl spritzen. Das Gebäck sollte wie ein Gitter aussehen. Das Gebäck einige Min. backen, bis es goldbraun ist. Herausnehmen und auf Küchenpapier abtropfen lassen.

6 | Die Schokoladencreme mit dem Pürierstab oder Schneebesen einmal durchrühren, so dass sie locker ist. Auf Teller verteilen und die kalten Schneeeier auf die Creme setzen und das Kouikeras-Gebäck anlegen.

Tipp

Dieses Rezept ist ideal für die Verwertung von übrig gebliebenen Eiweißen. Aus Eiweißresten können Sie aber auch Baiser (s. Seite 149) auf Vorrat zubereiten.

Info

Kouikeras-Gebäck ist ein Brandteiggebäck aus Südostasien. Sicherheitshalber können Sie den Teig als Gitter auf Backpapier spritzen und nacheinander ins heiße Fett gleiten lassen. Die angegebene Menge ergibt etwa 8 Stück. In einer gut verschließbaren Dose hält es sich 10 Tage.

Himbeertürmchen

Für 60 Stück

Für den Biskuit:

3 Eier

90 g Zucker

80 g dunkle Kuvertüre

20 g Butter

60 g Mehl

Zum Tränken:

100 ml Läuterzucker (s. Seite 148)

50 ml Himbeergeist

Für die Füllung:

350 g dunkle Kuvertüre

260 g Crème fraîche

150 g Himbeermark (s. Tipp)

50 ml Himbeergeist

Für die Glasur:

60 ml Läuterzucker (s. Seite 148)

80 g dunkle Kuvertüre

70 g Butter

1/2 Tasse frisch zubereiteter Espresso (ca. 15 ml)

Außerdem:

Backpapier für das Backblech

1 Kapselrahmen 30 x 17 cm

Zubereitungszeit: 1 Std. 10 Min.
Backzeit: ca. 6 Min.
Kühlzeit: 3 Std.

1 | Die Eier trennen. Den Backofen auf 200° (Umluft 180°) vorheizen. Das Backblech mit Backpapier belegen. Die Eiweiße mit 30 g Zucker steif schlagen. Eigelbe mit 60 g Zucker schaumig schlagen. Kuvertüre grob hacken und schmelzen lassen. Mit Butter unter die Eiermasse rühren. Das Mehl dazugeben und unterrühren.

2 | Den Eischnee unter den Teig heben. Den Teig auf das Blech streichen. Im Backofen (Mitte) etwa 6 Min. backen.

3 | Inzwischen Läuterzucker und Himbeergeist vermischen. Den Biskuit herausnehmen, auf ein Küchentuch stürzen und das Backpapier vorsichtig ablösen. Den Biskuit in 2 etwa 30 x 17 cm große Rechtecke schneiden. Den Kapselrahmen auf ein mit Backpapier belegtes Blech oder Tablett stellen, einen Boden hineinlegen und mit der Hälfte des Läuterzucker-Himbeergeist-Gemischs tränken.

4 | Für die Füllung die Kuvertüre grob hacken. Crème fraîche aufkochen lassen, die Kuvertüre darin unter Rühren schmelzen lassen. Himbeermark und Himbeergeist einrühren. Die Creme handwarm abkühlen lassen und auf den Biskuitboden im Kapselrahmen verteilen. Den zweiten Biskuitboden vorsichtig darauf legen und mit der restlichen Tränke beträufeln. Mindestens 2 Std. kalt stellen.

5 | Für die Glasur den Läuterzucker aufkochen lassen, Kuvertüre und Butter zugeben und den Espresso einrühren. Die Glasur auf dem Biskuit glatt verstreichen und in 1 Std. kalt werden lassen.

6 | Den Kapselrahmen vorsichtig lösen und den Kuchen in 60 kleine Türmchen von 3 x 3 cm schneiden.

Tipp

Für das Himbeermark 250 g Himbeeren mit 2–3 EL Zucker mit dem Pürierstab oder im Mixer fein pürieren. Das Himbeermark durch ein feines Sieb streichen und wie im Rezept beschrieben verarbeiten.

Williamsbirne mit Schokocreme

Für 6 Personen

6 Williamsbirnen (nicht zu weich)

1/2 Bio-Zitrone

1/2 l Rotwein (z. B. Barolo)

200 g Zucker

1 Stange Zimt | 2 Nelken

70 g dunkle Kuvertüre

4 Eigelbe | 4 EL Zucker

20 cl Moscato d'Asti (s. Tipp)

2 EL brauner Rum

125 g weiche Butter

125 g Crème fraîche

Außerdem:

6 Dessert-Ringe (à 12 cm Ø)

Zubereitungszeit: 45 Min.
Garzeit: 1 Std.
Kühlzeit: 2 Std.

1 | Birnen schälen und mit dem Apfelausstecher von den Kerngehäusen befreien. Zitrone waschen, abtrocknen und die Schale abreiben. Mit Rotwein, 1/2 l Wasser, Zucker, Zimt und Nelken in einem Topf aufkochen lassen. Birnen zugeben und offen etwa 45 Min. bei schwacher Hitze köcheln lassen. (Die Birnen dürfen nicht zu weich kochen.)

2 | Birnen herausnehmen, den Sud eventuell noch bei starker Hitze auf ein Drittel einkochen lassen. Beiseite stellen und die Gewürze entfernen.

3 | Ein Wasserbad vorbereiten. Die Kuvertüre grob hacken. Die Eigelbe mit Zucker schaumig schlagen. Moscato und Kuvertüre zugeben und über dem Wasserbad bei kräftiger Hitze einige Min. weiterschlagen. Etwas abkühlen lassen, den Rum unterrühren und mit dem Mixer Butter und Crème fraîche unterschlagen, bis die Masse glatt und cremig ist.

4 | Die Dessertringe auf Teller setzen. Die Creme in die Ringe füllen und je 1 Birne in die Mitte setzen. Im Kühlschrank in etwa 2 Std. fest werden lassen.

5 | Mit einem Messer die Creme vorsichtig vom Rand der Ringe lösen. Den Birnensud erwärmen und die Creme damit servieren.

Tipp

Wenn Sie keine Dessert-Ringe haben, die Creme und Birnen in kleine Förmchen, Dessertschälchen oder Tassen füllen und den Birnensud extra dazu servieren.

Info

In den italienischen Provinzen Asti und Cuneo wird der Likörwein Moscati d'Asti angebaut. Er wird zu 100 Prozent aus der Rebsorte Moscato Bianco hergestellt und zählt zu den DOC–Qualitätsweinen. Als Ersatz können Sie auch einen anderen weißen Likörwein oder süßen Sekt nehmen.

Schoko-Zimt-Brownies

Für ca. 20 Brownies

Für den Teig:

- 150 g Mehl
- 50 g Speisestärke
- 150 g Pekannüsse
- 200 g dunkle Kuvertüre
- 1 Vanilleschote
- 320 g weiche Butter
- 200 g Zucker
- 1 Prise Salz
- 1 TL Zimtpulver
- 5 Eier

Für die Ganache:

- 250 g dunkle Kuvertüre
- 250 g Sahne

Außerdem:

- 1 Kapselrahmen (30 x 25 cm)
- Kakaopulver zum Bestäuben

Zubereitungszeit: 40 Min.
Backzeit: ca. 50 Min.

1 | Ein Wasserbad vorbereiten. Mehl und Speisestärke durchsieben. Die Pekannüsse grob hacken und unter das Mehl mischen. Die Mischung beiseite stellen.

2 | Die Kuvertüre über dem Wasserbad schmelzen lassen. Die Vanilleschote längs aufschlitzen, das Mark herauskratzen.

3 | Den Backofen auf 175° (Umluft 160°) vorheizen. Butter und Zucker schaumig rühren. Kuvertüre, Vanillemark, Salz und Zimtpulver dazugeben. Nach und nach die Eier einrühren.

4 | Die Mehlmischung zufügen und mit der Eiermasse verrühren. Den Kapselrahmen auf ein Blech stellen und den Teig hineinstreichen. Im Backofen (Mitte) etwa 50 Min. backen. Herausnehmen und abkühlen lassen.

5 | Inzwischen für die Ganache die Kuvertüre grob hacken. Die Sahne aufkochen lassen, die Kuvertüre einrühren und abkühlen lassen. Mit dem Pürierstab cremig aufschlagen.

6 | Die Ganache auf dem Boden verteilen. Den Boden in 20 Rechtecke schneiden. Die Brownies mit Kakaopulver bestäuben.

Info

Kapselrahmen sind rechteckige Formen ohne Boden aus Edelstahl und funktionieren wie ein Tortenring. Sie bekommen sie in verschiedenen Größen oder individuell verstellbar im Fachhandel.

Manjari-Schmelzbiskuits

Für 12 Kuchenringe à 6 cm Ø

Für die Ganache:

180 g Sahne | 130 g Valhrona Manjari-Kuvertüre

Für den Biskuitteig:

120 g Valhrona Manjari-Kuvertüre

25 g zerlassene Butter

2 Eigelbe | 4 Eiweiße | 35 g Zucker

Außerdem:

Butter und Zucker für die Kuchenringe

Backpapier

Zubereitungszeit: 50 Min.
Gefrierzeit: 1 Std. 30 Min.
Backzeit: ca. 15 Min.

1 | Für die Ganache die Sahne aufkochen lassen. Die Kuvertüre dazugeben, schmelzen und kurz abkühlen lassen. Die Ganache in Nocken abstechen und auf ein Blech setzen oder in Pralinékapseln geben und etwa 30 Min. ins Gefrierfach stellen.

2 | Ein Wasserbad vorbereiten. Ein Backblech mit Backpapier belegen. Die Kuchenringe einfetten, mit Zucker bestreuen und auf das Backpapier stellen.

3 | Für den Teig die Kuvertüre grob hacken, in einer Schüssel über dem Wasserbad schmelzen lassen. Mit Butter und Eigelben vermischen. Eiweiße steif schlagen, nach und nach den Zucker unterschlagen. Den Eischnee vorsichtig unter die Kuvertüre-Butter-Mischung heben.

4 | Die Ringe zur Hälfte mit dem Biskuit füllen, je 1 Stück gefrorene Ganache in die Mitte setzen und mit dem übrigen Biskuitteig auffüllen. Etwa 1 Std. ins Gefrierfach stellen. Den Backofen auf 200° (Umluft 180°) vorheizen. Gefrorene Biskuits im Backofen (Mitte) 15–18 Min. backen und heiß servieren.

Tipp

Den Teig können Sie statt in Kuchenringe auch in die Vertiefungen einer Silikon-Muffinsform füllen. Die Form ist flexibel, hitze- und gleichzeitig kältebeständig.

Halbflüssige Schokoladenaufläufe

Titelbild

Für 6–8 Personen

125 g dunkle Kuvertüre

125 g Butter

25 g Mehl

60 g Zucker

3 Eier

2 Eigelbe

Außerdem:

6–8 Förmchen (100 ml Inhalt, z. B. Tassen, Muffinsform, Timbal- oder Dariole-Förmchen)

Butter und Paniermehl für die Förmchen

Puderzucker zum Bestäuben

Zubereitungszeit: 15 Min.
Kühlzeit: 4 Std.
Backzeit: ca. 14 Min.

1 | Ein Wasserbad vorbereiten. Die Förmchen einfetten und mit Paniermehl ausstreuen. Die Kuvertüre mit der Butter über dem Wasserbad schmelzen lassen und beiseite stellen. Mehl, Zucker, Eier und Eigelbe unterrühren.

2 | Die Förmchen zu etwa vier Fünfteln mit Teig füllen und mindestens 4 Std. kalt stellen.

3 | Den Backofen auf 200° (Umluft 180°) vorheizen. Die Aufläufe im Backofen (Mitte) 10–14 Min. backen. Herausnehmen und auf Teller stürzen. Die Aufläufe mit Puderzucker bestäuben und warm servieren.

Serviertipp

Zu den warmen Aufläufen passt weißes Schokoladeneis (s. Seite 70), Obstsalat mit Früchten der Saison oder Sahneeis mit Tonkabohnen (s. Seite 159) verfeinert.

Im Bild rechts: Früchte in Schokolade
links: Mini-Florentiner

Mini-Florentiner

Für 80 Stück

150 g Zucker | 50 g Honig

50 g Glukosesirup (Reformhaus oder Konditor)

50 g Butter | 80 g Sahne

25 g Belegkirschen | 100 g Mandelstifte

100 g Mandelblättchen

Außerdem:

ca. 300 g temperierte dunkle Kuvertüre (s. Seite 147)

Silpatmatte (ersatzweise Backpapier)

Zubereitungszeit: 40 Min.
Backzeit: ca. 20 Min.

1 | Den Backofen auf 160° (Umluft 150°) vorheizen. Die Sil-patmatte auf ein Backblech legen. Den Zucker mit Honig, Glukosesirup, Butter und Sahne zum schwachen Flug kochen (s. Seite 159).

2 | Belegkirschen, Mandelstifte und -blättchen zugeben und die Florentinermasse auf dem Backblech verstreichen. Im Backofen (Mitte) in etwa 20 Min. goldbraun backen. Herausnehmen, kurz abkühlen lassen, in etwa 2x2 cm große Quadrate schneiden. Die Florentiner auf dem Blech abkühlen lassen.

3 | Die Mini-Florentiner mit Kuvertüre bestreichen, trocknen lassen, auseinander brechen und lagenweise mit Pergamentpapier in einer luftdicht verschließbaren Dose aufbewahren. Sie halten sich etwa 2 Wochen.

Früchte in Schokolade

Für 30 Früchte

1 EL Kokosraspel

1 EL gemahlene Pistazien

1 EL Zucker

10 Physalis

ca. 150 g temperierte dunkle Kuvertüre (s. Seite 147)

2 Kiwis

10 Erdbeeren

kleine Holzspieße

Zubereitungszeit: 30 Min.

1 | Die Kokosraspel in einer Pfanne ohne Fett goldbraun rösten und auf einem Teller abkühlen lassen. Pistazien und Zucker jeweils auf Teller geben. Die Blätter der Physalis öffnen, die Früchte auf ein Holzspießchen stecken, in die temperierte Kuvertüre tauchen und in den Pistazien wälzen.

2 | Die Kiwis schälen, in 10 Scheiben schneiden, mithilfe eines Holzspießchens in die temperierte Kuvertüre tauchen und in den Kokosraspeln wenden.

3 | Die Erdbeeren waschen, trockentupfen, zur Hälfte in die temperierte Kuvertüre tauchen und in Zucker wälzen.

Schokoladeneiskrapfen

Für 6 Personen

Für den Schokoladenbiskuit:

4 Eier | 75 g Zucker

Salz | 40 g Mehl

30 g Speisestärke

20 g Kakaopulver

Für den Ausbackteig:

100 g Mehl | 2 kleine Eigelbe

80 ml Weißwein

2 kleine Eiweiße

20 g Zucker | 1 Prise Salz

Außerdem:

Backpapier

Runde Ausstechform mit 8 cm Ø

4 Kugeln weißes oder dunkles Schokoladeneis

Fett zum Frittieren

Zubereitungszeit: 50 Min.
Backzeit: ca. 10 Min.
Gefrierzeit: 3 Std.

1 | Den Backofen auf 200° (Umluft 180°) vorheizen. Ein Backblech mit Backpapier belegen. Die Eier mit Zucker und 1 Prise Salz schaumig schlagen. Mehl, Speisestärke und Kakaopulver darüber sieben und unter die Eiermasse rühren.

2 | Den Teig auf das Blech streichen und im Backofen (Mitte) 10 Min. backen. Biskuitboden herausnehmen, abkühlen lassen und mit der Ausstechform 12 Kreise ausstechen.

3 | Jeweils 1 Biskuitkreis in einen Gefrierbeutel geben, darauf 1 Kugel Schokoladeneis setzen und das Eis mit einem zweiten Kreis abdecken. Den Beutel an der offenen Seite zudrehen und dabei den Inhalt wie einen Schneeball rund formen. Die Krapfen etwa 2 Std. ins Gefrierfach legen, dann noch einmal formen und wieder etwa 1 Std. einfrieren.

4 | Vor dem Servieren für den Ausbackteig das Mehl mit den Eigelben und dem Weißwein zu einem glatten Teig verrühren. Die Eiweiße mit Zucker und Salz schaumig schlagen und den Eischnee unter den Teig heben.

5 | Kurz vor dem Servieren das Fett zum Frittieren erhitzen. Die gefrorenen Krapfen durch den Ausbackteig ziehen und in heißem Fett kurz in 1–2 Min. ausbacken.

Tipps

Dazu passen Schokoladensabayon (s. Seite 76) oder frische Früchte, z. B. Kirschen oder Erdbeeren.
Für die Füllung der Krapfen können Sie nach Belieben Schokoladeneis kaufen oder weißes Schokoladeneis zubereiten (s. Seite 70).

Tarte au chocolat

Für 1 Tarteform von 26 cm Ø

Für den Teig:

150 g Mehl | 3 EL Kakaopulver

55 g Puderzucker | 20 g gemahlene Mandeln

1 Prise Salz | 1 TL Vanillezucker

1 großes Ei

115 g weiche Butter

Für die Füllung:

270 g dunkle Kuvertüre

170 g Crème fraîche

55 g Butter | 1/2 Tasse frisch zubereiteter Espresso

Außerdem:

Butter für die Form

Mehl für die Arbeitsfläche

Hülsenfrüchte zum Blindbacken

Zubereitungszeit: 40 Min.
Ruhezeit: 1 Std.
Backzeit: ca. 10 Min.

1 | Für den Teig Mehl mit Kakaopulver, Puderzucker, Mandeln, Salz, Vanillezucker, Ei und Butter zu einem glatten Teig verkneten. In Folie gewickelt 1 Std. im Kühlschrank ruhen lassen. Die Form einfetten. Den Backofen auf 200° (Umluft 170°) vorheizen. Den Teig auf einer bemehlten Arbeitsfläche ausrollen und in die Form geben.

2 | Pergamentpapier auf den Teigboden und -rand drücken, die Hülsenfrüchte gleichmäßig darauf verteilen. Den Boden im Backofen (Mitte) etwa 7 Min. blind backen. Herausnehmen, die Hülsenfrüchte samt Papier entfernen und in 3 Min. fertig backen. Herausnehmen und abkühlen lassen.

3 | Ein Wasserbad vorbereiten. Die Kuvertüre grob hacken und in einer Schüssel über dem Wasserbad schmelzen lassen. Die Crème fraîche in einen Topf geben, aufkochen lassen, Kuvertüre und Butter zugeben und einrühren. Den Espresso zufügen und unterrühren. Die Füllung auf den Tarteboden gießen und im Kühlschrank abkühlen lassen.

Gewürzkuchen

Für 1 Spring- oder Gugelhupfform von 18–20 cm Ø

25 g Rosinen | 1 EL brauner Rum

50 g dunkle Kuvertüre

125 g Butter | 125 g Zucker

1 Päckchen Vanillezucker

3 Eier | 50 ml Rotwein

125 g Mehl | 1 TL Backpulver

50 g Kakaopulver

1 Prise Kardamompulver

1/4 TL Zimtpulver

1/4 TL Lebkuchengewürz

1 Prise Salz

Außerdem:

Butter für die Form

Puderzucker zum Bestäuben

Zubereitungszeit: 30 Min.
Backzeit: ca. 35 Min.

1 | Die Rosinen fein hacken und im Rum einweichen. Backofen auf 200° vorheizen (Umluft 180°). Die Form einfetten. Die Kuvertüre grob hacken. Butter, Zucker und Vanillezucker verrühren, die Eier dazugeben und die Masse schaumig schlagen. Den Rotwein einrühren.

2 | Mehl mit Back- und Kakaopulver, Kardamom- und Zimtpulver, Lebkuchengewürz und Salz vermischen und dazugeben. Mit Rosinen und Kuvertüre vorsichtig unter die Eiermasse rühren.

3 | Den Teig in die Form füllen. Im Backofen (Mitte) etwa 35 Min. backen. Herausnehmen und zum Auskühlen auf ein Kuchengitter stürzen. Mit Puderzucker bestäuben.

Tipp

Wenn Sie einen größeren Kuchen backen möchten, nehmen Sie eine Form mit 26 cm Ø und verdoppeln einfach die Zutatenmengen.

Cherry-Cake

Für 1 Springform von 26 cm Ø

450 g Kirschen (aus dem Glas)

130 ml Kirschwasser

1/2 Bio-Zitrone

1 Vanilleschote | 250 g Butter

200 g Zucker | 5 Eier

60 g dunkle Kuvertüre

300 g Mehl | 1 TL Backpulver

1 TL Zimtpulver

50 g gemahlene Haselnüsse

30 g Kakaopulver

Außerdem:

Butter für die Form

Schokoladen-Zigarren (s. Seite 140) und Puderzucker zum Dekorieren

Zubereitungszeit: 40 Min.
Marinierzeit: 4 Std.
Backzeit: 1 Std.

1 | Die Kirschen abtropfen lassen, mit dem Kirschwasser vermischen und 4 Std. ziehen lassen. Die Zitrone waschen, abtrocknen und die Schale abreiben. Die Vanilleschote längs aufschlitzen und das Mark herauskratzen.

2 | Den Backofen auf 215° (Umluft 190°) vorheizen. Die Form einfetten. Die Butter mit Zucker, Zitronenschale und Vanillemark schaumig schlagen. Nach und nach die Eier unterrühren.

3 | Die Kuvertüre grob hacken. Das Mehl mit Back- und Zimtpulver, Haselnüssen und Kakaopulver mischen, zusammen mit den Kirschen samt Kirschwasser und der Kuvertüre unter die Eiermasse rühren.

4 | Den Teig in die Form füllen. Im Backofen (Mitte) bei 215° (Umluft 190°) 10 Min. backen, dann bei 190° (Umluft 170°) in weiteren 50 Min. fertig backen. Den Kuchen herausnehmen und abkühlen lassen. Mit Schokoladen-Zigarren (s. Seite 140) belegen und mit Puderzucker bestäuben.

Weisser Schokoladenkuchen

Für 1 Springform von 26 cm Ø

200 g weiße Kuvertüre

50 g Sahne | 3 Eiweiße

150 g Zucker

50 g Speisestärke

150 g Butter (oder Margarine)

3 Eigelbe | 100 g Kokosraspel

200 g Mehl

1 TL Backpulver

Butter für die Form

Kakaopulver oder Puderzucker

Zubereitungszeit: 25 Min.
Backzeit: ca. 25 Min.

1 | Die Kuvertüre in einen Topf geben und bei schwacher Hitze langsam schmelzen lassen. Die Sahne zugeben und unterrühren. Die Kuvertüre-Sahne-Mischung leicht abkühlen lassen, bis sie handwarm ist.

2 | Die Eiweiße mit 50 g Zucker steif schlagen. Die Speisestärke zugeben und unterschlagen. Den Eischnee kalt stellen.

3 | Den Backofen auf 200° vorheizen. Die Form einfetten. Die Butter mit dem übrigen Zucker schaumig schlagen. Nach und nach die Eigelbe unterschlagen. Die Kuvertüre-Sahne-Mischung einrühren.

4 | Eischnee, Kokosraspel, Mehl und Backpulver unter die Butter-Kuvertüre-Masse heben. Den Teig in die Form füllen.

5 | Im Backofen (Mitte, Umluft 180°) ca. 25 Min. backen. Herausnehmen und in der Form abkühlen lassen. Mit Kakaopulver oder Puderzucker bestäuben.

Variante mit Glasur

Den Kuchen nicht mit Kakaopulver oder Puderzucker bestäuben, sondern mit einer dunklen Schokoladen- oder Puderzuckerglasur überziehen. Für die Puderzuckerglasur 125 g Puderzucker durchsieben, mit 1 Eiweiß und 2 EL Zitronensaft gut verrühren.

Schokoladenroulade mit Preiselbeeren

Für 6–8 Personen

Für die Buttermilchcreme:

3 Blatt Gelatine

1/2 Bio-Zitrone

300 g Sahne

250 g Buttermilch

90 g Zucker

150 g Preiselbeeren (aus dem Glas)

Für den Biskuitteig:

6 Eier | 80 g Zucker

60 g Mehl

60 g Speisestärke

10 g Kakaopulver

Außerdem:

Backpapier | Zucker

Kakaopulver zum Bestäuben

Zubereitungszeit: 50 Min.
Backzeit: ca. 15 Min.
Kühlzeit: 2 Std.

1 | Für die Creme die Gelatine einweichen. Zitrone waschen und abtrocknen. Die Schale abreiben, den Saft auspressen. Sahne steif schlagen und in den Kühlschrank stellen.

2 | Buttermilch mit Zucker, Zitronensaft und –schale verrühren. Gelatine ausdrücken, in einem Topf erwärmen. Buttermilchmischung zügig unterrühren und kalt stellen.

3 | Wenn die Buttermilch zu gelieren beginnt, Sahne unterheben. Die Preiselbeeren abtropfen lassen.

4 | Backofen auf 215° (Umluft 190°) vorheizen. Ein Backblech mit Backpapier auslegen. Ein Wasserbad vorbereiten. Für den Teig die Eier mit dem Zucker über dem Wasserbad schaumig schlagen, dann beiseite stellen. Mehl, Speisestärke und Kakaopulver dazugeben und kalt unterschlagen (s. Seite 159).

5 | Die Biskuitmasse auf das Blech streichen. Im Backofen (Mitte) 15 Min. backen. Den Biskuit auf ein leicht gezuckertes Küchentuch stürzen und das Backpapier sofort vorsichtig abziehen. (Sollte der Teig ankleben, das Backpapier etwas anfeuchten.) Den Biskuit auskühlen lassen.

6 | Preiselbeeren auf dem Biskuit verteilen. Die Buttermilchcreme darauf streichen. Den Biskuit von der Längsseite her mit Hilfe des Küchentuchs Stück für Stück einrollen und etwa 2 Std. kalt stellen.

7 | Die Schokoladenroulade mit Kakaopulver bestäuben und in etwa 3 cm breite Stücke schneiden.

Variante: Buttercreme

1 Vanilleschote längs aufschlitzen, das Mark herauskratzen. Von 1/4 l Milch 3 EL Milch abnehmen, mit Speisestärke und 3 Eigelben verrühren. Die übrige Milch mit Vanilleschote, Mark und 100 g Zucker aufkochen lassen. Angerührte Speisestärke mit den Eigelben in die Milch geben, einmal aufkochen lassen. Vanilleschote entfernen, den Pudding kalt stellen. 250 g Butter schaumig schlagen, den Pudding und 150 g abgetropfte Preiselbeeren nach und nach unterrühren.

Serviertipp

Nach Belieben können Sie Preiselbeeren aus dem Glas oder kalt gerührte Preiselbeeren dazu servieren. Dafür 500 g frische Preiselbeeren mit 200 g Zucker etwa 1 Std. langsam rühren, bis sich der Zucker aufgelöst hat. Mit je 1 Stange Zimt und Sternanis würzen und 24 Std. kalt stellen.

Spanische Vanilletorte

Für 1 Springform von 26 cm Ø

1 Vanilleschote

6 Eiweiße

150 g Zucker

100 g dunkle Kuvertüre

100 g Butter

250 g Marzipanrohmasse

6 Eigelbe

50 g Zitronat (oder Orangeat)

80 g Mandelblättchen

100 g Mehl

50 g Puderzucker

Außerdem:

Butter und Paniermehl für die Form

Aprikosenmarmelade zum Bestreichen

ca. 200 g temperierte dunkle Kuvertüre (s. Seite 147)

gehäutete Mandeln zum Dekorieren

Zubereitungszeit: 1 Std.
Backzeit: ca. 40 Min.

1 | Die Vanilleschote längs aufschlitzen, das Mark herauskratzen. Die Eiweiße mit 100 g Zucker steif schlagen und kalt stellen. Den Backofen auf 190° (Umluft 170°) vorheizen. Die Form einfetten und mit Paniermehl ausstreuen.

2 | Die Kuvertüre grob hacken. Butter und 150 g Marzipanrohmasse in einer Schüssel verkneten. Den übrigen Zucker, Vanillemark und Eigelbe zugeben und alles schaumig schlagen. Die Kuvertüre mit Zitronat, Mandelblättchen und Mehl mischen und unter die Marzipanmasse rühren.

3 | Den Eischnee vorsichtig unterheben. Den Teig in die Form füllen. Im Backofen (Mitte) 35–40 Min. backen. Herausnehmen, auf ein Kuchengitter stürzen und den Kuchen auskühlen lassen.

4 | Die Aprikosenmarmelade in einem Topf erhitzen und den Kuchen damit bestreichen. Die übrige Marzipanrohmasse mit Puderzucker verkneten, ausrollen und die Torte so damit einhüllen, dass sie an Rand und Oberfläche bedeckt ist.

5 | Die Torte mit der temperierten Kuvertüre überziehen und mit den Mandeln dekorieren.

Tipps

Das Einhüllen mit Marzipanrohmasse ist einfacher, wenn Sie nur die Oberfläche damit bedecken. Inzwischen gibt es im Backregal gut sortierter Supermärkte bereits ausgerollte Marzipanrohmasse.

Klassischer Marmorkuchen

Für 1 Kastenform (1,5 l Inhalt)

1 Vanilleschote

150 g Butter

4 Eier

180 g Zucker

Salz

180 g Mehl

50 g dunkle Schokolade (70 % Kakaoanteil)

Außerdem:

Butter und Paniermehl für die Form

Puderzucker zum Bestäuben oder ca. 200 g temperierte dunkle Kuvertüre zum Bestreichen (s. Seite. 147)

Zubereitungszeit: 40 Min.
Backzeit: ca. 35 Min.

1 | Ein Wasserbad vorbereiten. Die Vanilleschote längs aufschlitzen, das Mark herauskratzen. Die Butter schmelzen lassen. Die Eier mit Zucker, Salz und Vanillemark in einer Schüssel über dem Wasserbad aufschlagen. Beiseite stellen und weiterrühren, bis die Masse abgekühlt ist.

2 | Den Backofen auf 225° (Umluft 200°) vorheizen. Die Form einfetten und mit Paniermehl ausstreuen. Zuerst das Mehl, dann die warme Butter unter die Eiermasse rühren. Ein Drittel von dem Teig in die Form füllen.

3 | Die Schokolade schmelzen lassen und unter das zweite Drittel Teig rühren. Den gefärbten Teig in die Form geben und mit dem übrigen Drittel Teig auffüllen. Für die Marmorierung mit einer Gabel in kreisender Bewegung von links nach rechts durch die Kastenform rühren.

4 | Im Backofen (Mitte) etwa 10 Min. backen. Wenn der Teig eine leichte Kruste und etwas Farbe bekommen hat, mit einem scharfen Messer der Länge nach etwa 1 cm tief einschneiden. Die Temperatur auf 175° (Umluft 160°) herunterschalten und den Kuchen in weiteren 25 Min. fertig backen.

5 | Den Kuchen herausnehmen, auf ein Kuchengitter stürzen, umdrehen und auskühlen lassen. Entweder mit Puderzucker bestäuben oder mit der temperierten Kuvertüre überziehen.

Variante mit Nüssen oder Mandeln

Anstelle mit Schokolade das zweite Teigdrittel mit 50 g gehackten Haselnüssen oder Mandelplättchen verrühren. Den Nussteig in die Form geben und mit dem übrigen Drittel Teig, wie im Rezept beschrieben, auffüllen und marmorieren.

Schokoladen-Birnen-Törtchen

Für 5 Förmchen von 10 cm Ø

Für den Biskuitteig:

65 g dunkle Kuvertüre

5 Eiweiße

110 g Zucker

90 g Marzipanrohmasse

4 Eigelbe

15 g Kakaopulver

Für den Karamell:

75 g Zucker

45 g Butter

30 g dunkle Kuvertüre

Außerdem:

3 nicht zu reife Birnen

Backpapier

Runde Ausstechform (10 cm Ø)

Zubereitungszeit: 50 Min.
Backzeit: ca. 23 Min.

1 | Ein Wasserbad vorbereiten. Die Kuvertüre in einer Schüssel über dem Wasserbad schmelzen lassen. Den Backofen auf 200° (Umluft 180°) vorheizen. Ein Backblech mit hohem Rand mit Backpapier auslegen.

2 | Die Eiweiße mit Zucker steif schlagen und kalt stellen. Die Marzipanrohmasse mit den Eigelben schaumig schlagen. Kuvertüre und Kakaopulver zugeben und unterrühren.

3 | Den Eischnee unter die Marzipan-Schokoladen-Masse heben. Den Teig auf das Backblech streichen. Im Backofen (Mitte) 8 Min. backen.

4 | Für den Karamell den Zucker mit 3 EL Wasser 5 Min. kochen lassen, mit der Butter ablöschen und die Kuvertüre unterrühren. Den Karamell auf 5 beschichtete oder flexible Förmchen aus Silikon verteilen.

5 | Die Birnen schälen, entkernen und in feine Spalten schneiden. Die Birnenspalten ebenfalls in die Förmchen geben und im heißen Backofen (Mitte) bei 225° (Umluft 200°) 10–15 Min. backen.

6 | Inzwischen aus dem Schokoladenbiskuit 5 Kreise ausstechen. Die Biskuitkreise auf die Birnen in den Förmchen legen, sofort im Backofen (Mitte) bei 225° (Umluft 180°) 2 Min. aufwärmen. Die Törtchen auf vorgewärmte Teller stürzen.

LUXUS PUR
WÜRZIG-HERBES MIT SCHOKOLADE

DIE REZEPTE

Schokoladen-Pilz-Gnocchetti

Für 4 Personen

200 g mehlig kochende Kartoffeln

Salz

200 g Kräuterseitlinge

200 g Aprikosen (aus der Dose)

100 g Mehl

3 Eigelbe

50 g Kakaopulver

Muskatnuss, frisch gerieben

20 g Butter

Pfeffer aus der Mühle

150 ml Kalbsfond (aus dem Glas)

Zubereitungszeit: 1 Std. 30 Min.

1 | Die Kartoffeln schälen, grob klein schneiden und in leicht gesalzenem Wasser in 20 Min. garen, dann ausdämpfen lassen.

2 | Die Kräuterseitlinge putzen. Die Aprikosen abtropfen lassen. Beides in Streifen schneiden und beiseite stellen.

3 | Die Kartoffeln durch die Kartoffelpresse drücken. Mit Mehl, Eigelben, Kakaopulver, Salz und Muskat zu einem glatten Teig kneten. Aus dem Teig fingerdicke Rollen formen. Davon 2–3 cm dicke Stücke abschneiden, diese zu kleinen Klößchen formen und mit dem Gabelrücken leichte Rillen eindrücken.

4 | Reichlich Salzwasser aufkochen lassen. Die Gnocchetti darin 1–2 Min. ziehen lassen. Herausnehmen, in Eiswasser abschrecken und gut abtropfen lassen.

5 | Die Butter in einer beschichteten Pfanne erhitzen, Pilze und Aprikosen darin 2–3 Min. anbraten. Mit Salz und Pfeffer abschmecken. Die Schokoladengnocchetti dazugeben, mit Kalbsfond ablöschen und den Fond einige Minuten einkochen lassen, bis das Ragout glasiert ist.

Serviertipp

Die Schokoladen-Pilz-Gnocchetti auf vorgewärmten Tellern anrichten und als Hauptgericht für 4 oder als Beilage für 6 Personen servieren, z. B. zu gebratener Kalbsleber.

Variante mit frischen Aprikosen

Statt Aprikosen aus der Dose können Sie auch frische aromatische Aprikosen verwenden. Die Aprikosen waschen, halbieren, vom Stein befreien und in feine Streifen schneiden. Dann wie im Rezept beschrieben weiterverarbeiten.

Schokoladen-Anis-Crêpes mit Entenleber

Für 4 Personen

Für die Crêpes:

30 g Kakaobohnen (s. Tipp)

10 g Anissamen

250 g Mehl

100 ml Milch

3 Eier

Salz

Für die Entenleber:

400 g Entenleber

1 Schalotte

1 EL Butter

6 Salbeiblätter

50 g Portwein

10 g Kakaopulver

schwarzer Pfeffer

Zubereitungszeit: 1 Std. 15 Min.

1 | Die Kakaobohnen und Anissamen in einen Mörser geben und fein zerstoßen. Mit Mehl, Milch, Eiern und Salz zu einem glatten Teig verrühren.

2 | Die Entenleber von Fett und Sehnen befreien. Die Schalotte schälen und fein würfeln.

3 | Den Backofen auf 50–70° vorheizen. Aus dem Teig nacheinander 8 dünne Crêpes backen. Dafür eine beschichtete Pfanne (26 cm Ø) heiß werden lassen. Jeweils eine Kelle Teig hineingeben und von jeder Seite in 3 Min. goldbraun backen. Herausnehmen und im Backofen warm halten.

4 | Eine Pfanne heiß werden lassen, die Butter zugeben und schmelzen lassen. Die Leber darin von jeder Seite 1–2 Min. anbraten. Schalotten und Salbeiblätter dazugeben, mit Portwein ablöschen und 1–2 Min. einköcheln lassen. Das Kakaopulver einrühren, mit Salz und Pfeffer abschmecken.

5 | Die Crêpes leicht überlappend auslegen, die Entenleber darauf verteilen und so dicht wie möglich zu einer Rolle einschlagen. Zum Servieren schräg in 8 Scheiben schneiden.

Tipp

Die Crêpes schmecken lecker als Vorspeise, eignen sich aber auch als Suppeneinlage – z. B. in einer Tomaten-Karotten-Suppe.

Info

Reine, ungesüßte Kakaobohnen bekommen Sie mittlerweile in gut sortierten Schokoladengeschäften, z. B. von Domori. Wenn Sie nicht fündig werden, lassen sie sich auch über das Internet beziehen (s. Seite 160).

Schokoladen-Espresso-Focaccia

Für ein Backblech

50 g dunkle Kuvertüre

50 g getrocknete Aprikosen

600 g Mehl

1 Päckchen Trockenhefe

1 TL Salz

10 g gemahlene Espressokaffeebohnen

3 Knoblauchzehen

1 Zweig Rosmarin

2 EL Olivenöl | 1 TL Meersalz

Backpapier

Zubereitungszeit: 35 Min.
Ruhezeit: 2–3 Std.
Backzeit: ca. 20 Min.

1 | Kuvertüre und Aprikosen fein hacken. Beides mit Mehl, Hefe, 330 ml Wasser, Salz und Espressokaffee mischen und zu einem glatten Teig verkneten. Den Teig in einer Schüssel an einem warmen Ort zugedeckt 2–3 Std. ruhen lassen, bis sich sein Volumen verdoppelt hat.

2 | Den Backofen auf 250° (Umluft 220°) vorheizen. Ein Backblech mit Backpapier auslegen. Den Teig direkt aus der Schüssel auf das Backpapier fallen lassen. Nicht mehr kneten! Den Teig auf 2–3 cm Dicke flach drücken. Im Backofen (Mitte) etwa 16–20 Min. backen.

3 | Inzwischen den Knoblauch schälen und fein hacken. Rosmarin waschen und trockenschütteln, die Nadeln fein hacken. Den Knoblauch und Rosmarin mit Olivenöl verrühren.

4 | Das Focaccia aus dem Ofen nehmen und noch heiß mit dem Knoblauch-Rosmarin-Öl bestreichen und mit Meersalz bestreuen. Dazu passt luftgetrockneter Schinken.

Varianten ohne Schokolade und Kaffee

Wenn Sie Focaccia lieber ohne Schokolade backen möchten, ersetzen Sie die Kuvertüre, die Aprikosen und die Kaffeebohnen nach Belieben durch getrocknete Tomaten und frische Thymianblättchen, gebratene Steinpilze, getrocknete Backpflaumen oder auch getrocknete Äpfel. Wenn Sie getrocknete Äpfel verwenden, das Wasser durch 330 ml klaren Apfelsaft ersetzen.

Entenbrust mit Koriander-Schokolade

Für 4 Personen

1 TL Korianderkörner

8 Kakaobohnen (s. Info Seite 128)

4 Kugeln Xocopili (Valrhona; s. Info S. 127)

1/2 TL Thymianblättchen | 1 EL Honig

Salz | Pfeffer aus der Mühle

4 Entenbrüste (à etwa 200 g)

1 EL Butterschmalz

Zubereitungszeit: 30 Min.

1 | Korianderkörner und Kakaobohnen im Mörser zerstoßen. Xocopilikugeln, Thymian und Honig dazugeben und zerstoßen, bis die Mischung breiig ist. Mit Salz und Pfeffer würzen.

2 | Entenbrüste waschen und trockentupfen. Die Haut mit einem scharfen Messer rautenförmig einritzen, mit Salz und Pfeffer würzen.

3 | Den Backofengrill vorheizen. Das Butterschmalz in einer großen Pfanne erhitzen, darin die Entenbrüste von jeder Seite etwa 2 Min. anbraten. Die Hautseite mit der Schokoglasur bestreichen und unter dem Backofengrill etwa 2 Min. grillen, bis sie gebräunt sind. In Alufolie wickeln und im Backofen bei 60–70° etwa 20 Min. ruhen lassen.

4 | Die Entenbrüste aufschneiden und mit Brokkoli oder Rotkohl (Rezept rechte Spalte) servieren.

Rotkohl mit Preiselbeeren

Für 6–8 Personen

1 kg Rotkohl

Für die Marinade:

1 Zwiebel | 1 1/2 Äpfel (z. B. Boskop)

40 g Preiselbeeren

50 g Zucker | 1 Nelke

165 ml Rotweinessig

85 ml Rotwein

1 Prise Zimtpulver

Salz | Pfeffer aus der Mühle

Zucker (nach Belieben)

Zubereitungszeit: 1 Std. 15 Min.
Marinierzeit: 1 Std.

1 | Rotkohl putzen, vom mittleren Strunk befreien und in feine Streifen schneiden oder hobeln.

2 | Zwiebel schälen, in feine Würfel schneiden. Äpfel waschen, abtrocknen und fein reiben. Mit den übrigen Marinadenzutaten in einer großen Schüssel vermengen. Den Rotkohl untermischen und mindestens 1 Std. marinieren.

3 | Rotkohl samt Marinade in einen Topf geben, salzen und pfeffern. Zugedeckt bei schwacher Hitze etwa 1 Std. kochen lassen. Vor dem Servieren nach Belieben mit Salz, Pfeffer und etwas Zucker abschmecken.

Heilbuttfilets mit Kakao-Pfeffer-Kruste

Für 4 Personen

Für die Kakao-Pfeffer-Kruste:

40 g Schokolade (80 % Kakaoanteil)

100 g Weißbrot ohne Rinde

50 g Butter

5 g Kakaopulver

1 EL rosa Pfefferbeeren

Für den Heilbutt:

2 Schalotten

1 Knoblauchzehe

1 kleine Möhre (ca. 50 g)

1 Stück Knollensellerie (ca. 50 g)

80 g Butter

150 ml trockener Weißwein

4 Heilbuttfilets (à ca. 150 g, ersatzweise Steinbeißerfilets)

10 Safranfäden

Außerdem:

Meersalz

Pfeffer aus der Mühle

Backpapier

Zubereitungszeit: 1 Std. 30 Min.
Kühlzeit: 3 Std.

1 | Die Schokolade fein reiben. Das Weißbrot im Blender, in der Küchenmaschine oder mit dem Pürierstab fein zerkleinern. Die Butter schaumig schlagen. Kakaopulver, rosa Pfefferbeeren, Meersalz, Pfeffer aus der Mühle, Schokolade und Weißbrot dazugeben und unterschlagen. Die Masse etwa 1 cm dick auf Backpapier streichen, abdecken und mindestens 3 Std. in den Kühlschrank stellen.

2 | Schalotten und Knoblauch schälen, beides klein würfeln. Möhre und Sellerie putzen, schälen und in sehr feine Würfel schneiden. 25 g Butter in einem kleinen Topf schmelzen lassen, darin die Hälfte der Schalotten und den Knoblauch glasig dünsten. Sellerie und Möhren unterrühren, mit einem Schuss Weißwein ablöschen und zugedeckt etwa 3–4 Min. dünsten. Mit Meersalz und Pfeffer abschmecken.

3 | Heilbuttfilets waschen und trockentupfen. 25 g Butter in einer flachen Pfanne mit Deckel schmelzen lassen, darin die restlichen Schalotten glasig dünsten, mit dem übrigen Weißwein ablöschen. Die Heilbuttfilets dazugeben, das Wurzelgemüse darauf verteilen und zugedeckt bei schwacher Hitze 5–6 Min. dünsten. Die Filets herausnehmen, auf ein Blech legen und zugedeckt warm halten.

4 | Den Backofengrill vorheizen. Die Kakao-Pfeffer-Kruste in Scheiben schneiden und auf die Heilbuttfilets legen. Das Blech mit den Fischfilets unter den Backofengrill schieben und grillen, bis eine leichte Kruste entsteht.

5 | Inzwischen für die Safransauce den übrigen Kochsud in der Pfanne auf etwa 100 ml einkochen lassen, durch ein Sieb in einen kleinen Topf passieren. Den Safran darin auflösen. Übrige Butter zum Binden mit dem Pürierstab unterschlagen (einmontieren). Mit Meersalz und Pfeffer abschmecken.

6 | Auf vorgewärmte Teller zuerst einen Spiegel aus Safransauce gießen und die Heilbuttfilets darauf anrichten.

Beilagentipp

12 kleine Bundmöhren putzen, schälen und in kochendem Salzwasser 2–3 Min. blanchieren. 250 g Austernpilze abreiben, putzen und in Streifen schneiden. In etwas Butter kurz dünsten, salzen und pfeffern. Zusammen mit je 1 Kerbelblatt und Möhre mit dem Fisch anrichten.

Garnelen in weisser Schokoladensauce

Für 4 Personen

16 große, rohe Garnelen (frisch oder tiefgekühlt)

6 Knoblauchzehen

8 EL Olivenöl

1 TL Sambal oelek

Salz

60 weiße Kuvertüre

1/8 l Weißwein

250 g Sahne

1 EL Hummersuppen-Paste

4 Blätter Minze

Zubereitungszeit: 35 Min.
Marinierzeit: 2 Std.

1 | Von den Garnelen erst die Köpfe abtrennen, falls vorhanden. Dann die Schale der Garnelen entfernen, bis auf das Schwanzstück. Mit einem spitzen Messer den Rücken einschneiden und den Darmstrang herauslösen.

2 | Den Knoblauch schälen und in sehr dünne Scheiben schneiden. Mit Olivenöl, Sambal oelek und Salz verrühren. Die Garnelen untermischen und zugedeckt im Kühlschrank etwa 2 Std. marinieren.

3 | Die Kuvertüre grob hacken. Eine große Pfanne heiß werden lassen, die Garnelen samt Marinade in die Pfanne geben. Die Garnelen darin 2–3 Min. braten, bis die Knoblauchscheiben Farbe angenommen haben. Mit dem Wein ablöschen und 2 Min. dünsten. Die Garnelen herausnehmen und warm halten.

4 | Die Sahne in die Pfanne geben und aufkochen lassen. Kuvertüre und Hummersuppen-Paste zufügen und so lange unter Rühren köcheln lassen, bis die Sauce gebunden ist. Die Garnelen untermischen und kurz erwärmen. Auf Tellern mit Basmati-Minze-Reis und je 1 Minzeblatt anrichten.

Tipp

Für den Basmati-Minze-Reis 1/2 l Salzwasser aufkochen lassen. 250 g Basmatireis dazugeben und zugedeckt bei schwacher Hitze in 10–12 Min. garen, bis der Reis das gesamte Wasser aufgenommen hat. 1 Bund Minze waschen und trockenschütteln, die Blätter in feine Streifen schneiden. Die Minzestreifen unter den Reis mischen.

Kaninchenkeulen in Schokoladensauce

Für 6 Personen

6 Kaninchenkeulen

Salz

weißer Pfeffer

2 EL Butterschmalz

1/2 l Rotwein

1 große Zwiebel

2 Knoblauchzehen

2 rote Chilischoten

100 g dunkle Kuvertüre

1 l Wildfond (s. Seite 149)

1 Zweig Rosmarin

2 Zweige Thymian

2 Lorbeerblätter

10 weiße Pfefferkörner

2 Nelken

1/2 Stange Zimt

Zubereitungszeit: 1 Std. 15 Min.
Röstzeit: ca. 20 Min.
Schmorzeit: 1 Std. 30 Min.

1 | Kaninchenkeulen salzen und pfeffern. Butterschmalz in einem Schmortopf erhitzen, darin die Kaninchenkeulen von beiden Seiten scharf anbraten, bis sie leicht gebräunt sind.

2 | Mit Rotwein ablöschen und bei schwacher Hitze köcheln lassen, bis der Rotwein um zwei Drittel eingekocht ist.

3 | Inzwischen Zwiebel und Knoblauch schälen. Die Zwiebel halbieren und in Streifen schneiden. Chilischoten waschen und entkernen. Die Kuvertüre fein reiben und beiseite stellen.

4 | Den Wildfond in den Topf mit den Kaninchenkeulen gießen. Zwiebelstreifen, Chilischoten, Knoblauch, Rosmarin, Thymian, Lorbeerblätter, Pfefferkörner, Nelken und Zimt dazugeben. Die Keulen zugedeckt bei mittlerer Hitze etwa 1 Std. 30 Min. schmoren, bis sie weich sind.

5 | Die Keulen aus dem Topf nehmen und warm stellen. Den Rest durch ein Sieb passieren, dabei den Fond in einem Topf auffangen und bei mittlerer Hitze auf 400 ml einkochen lassen. Die Kuvertüre einrühren. Die Sauce mit Salz und Pfeffer abschmecken. Dazu passt Rahmpolenta (s. Seite 149).

Tauben-Schokoladen-Ragout

Für 4 Personen

4 Tauben (à etwa 300–350 g)

1 Zwiebel | 2 Knoblauchzehen

1 rote Chilischote | 1 kleine Möhre

1 kleines Stück Knollensellerie

2 EL Butterschmalz | 1/2 l Rotwein

1/2 l Geflügelfond (aus dem Glas)

je 2 Lorbeerblätter, Thymianzweige, Rosmarinzweige

1 TL Wacholderbeeren | 1 TL weiße Pfefferkörner

3 Nelken | 2 Stangen Zimt

60 g dunkle Kuvertüre | 4 frische Feigen

1/2 TL Thymianblättchen

Außerdem:

Meersalz

weißer Pfeffer aus der Mühle

Zubereitungszeit: 1 Std. 30 Min.
Schmorzeit: 1 Std.

1 | Das Taubenfleisch auslösen und von Haut und Knochen befreien. Das Fleisch in etwa 1 1/2 cm breite Stücke schneiden und beiseite stellen.

2 | Zwiebel und Knoblauch schälen, beides klein schneiden. Chilischote waschen, halbieren und von den Kernen befreien. Gemüse putzen, schälen und fein würfeln. 1 EL Butterschmalz in einem Bräter erhitzen, darin Knochen und Hautabschnitte 3-4 Min. scharf anbraten.

3 | Zwiebel, Knoblauch, Chilischote und Gemüse dazugeben, kurz mitrösten. Mit der Hälfte des Rotweins ablöschen und in 15 Min. einkochen lassen, bis die Flüssigkeit verkocht ist. Den restlichen Rotwein und den Fond dazugießen. Die Kräuter und Gewürze zufügen und alles etwa 50 Min. schmoren lassen.

4 | 15 Min. vor dem Ende der Garzeit den Backofen auf 225° (Umluft 200°) vorheizen. Für die Sauce den Inhalt aus dem Bräter in ein feines Sieb geben, dabei die Flüssigkeit auffangen. Die Kuvertüre zugeben und in der Flüssigkeit auflösen (nicht aufkochen lassen), mit Meersalz und Pfeffer abschmecken.

5 | Die Feigen abreiben, mit den Thymianblättchen in Alufolie wickeln und im Backofen (Mitte) etwa 15 Min. garen.

6 | Inzwischen das übrige Butterschmalz in einer großen Pfanne erhitzen, das Taubenfleisch darin von allen Seiten 4–5 Min. scharf anbraten. Das Fleisch herausnehmen und unter die Schokoladensauce mischen. Einmal aufkochen lassen, bis alles glänzt. Auf vorgewärmten Tellern mit den Thymian-Feigen anrichten. Dazu passen Nudeln oder Spätzle.

Tipp

Kurz gebratenes Fleisch wird besonders zart, wenn Sie es in einer sehr heißen Pfanne von jeder Seite etwa 2 Min. scharf anbraten, dann herausnehmen, in Alufolie wickeln und im Backofen bei 60–70° etwa 20 Min. ruhen lassen.

Schmorkaninchen in Rosmarin-Schokolade

Für 4 Personen

4 Kaninchenkeulen

Meersalz

Pfeffer aus der Mühle

2 Schalotten

8 Knoblauchzehen

4 Zweige Rosmarin

3 EL Olivenöl

30 g Butter

150 ml trockener Weißwein

3/4 l Geflügel- oder Kalbsfond (aus dem Glas)

100 g dunkle Kuvertüre

10 g entöltes Kakaopulver

Zubereitungszeit: 2 Std.

1 | Kaninchenkeulen waschen, trockentupfen, mit Meersalz und Pfeffer würzen. Schalotten und Knoblauch schälen, beides klein schneiden. Den Rosmarin waschen und trockenschütteln, die Nadeln grob hacken.

2 | Öl in einer hohen, großen Pfanne oder einem Topf erhitzen, darin die Kaninchenkeulen von beiden Seiten braun anbraten. Butter und Schalotten zugeben und leicht Farbe annehmen lassen. Mit Wein ablöschen, salzen und pfeffern. Den Wein offen einkochen lassen, bis das Fleisch wieder Farbe annimmt. Fond angießen und alles 30 Min. sanft köcheln lassen.

3 | Rosmarin und Knoblauch zugeben, alles weitere 30 Min. schmoren lassen. Eventuell etwas Wasser angießen. Den Backofen auf 50–70° vorheizen. Die Kaninchenkeulen aus dem Topf nehmen, zugedeckt im Backofen warm halten.

4 | Die Sauce durch ein Sieb passieren und auffangen. Kuvertüre grob hacken. Mit Kakaopulver dazugeben, mit dem Pürierstab durchmixen, eventuell salzen und pfeffern. Dazu passen Brennnesselgemüse und Pfeffernudeln.

Beilagen-Tipp: Brennnesselgemüse

300 g kleine Brennnesselblätter (ersatzweise junger Blattspinat) waschen, putzen, in kochendem Salzwasser 1 Min. blanchieren. In Eiswasser abschrecken, abtropfen lassen. 4 Frühlingszwiebeln putzen, waschen, in feine Ringe schneiden. 1 Knoblauchzehe schälen, einen Topf damit einreiben. 2 EL Olivenöl darin erhitzen, Brennnesselblätter und Frühlingszwiebeln dazugeben und kurz dünsten, salzen und pfeffern.

Beilagen-Tipp: Pfeffernudeln

10 g bunte Pfefferkörnermischung im Mörser grob bis fein zerstoßen. Mit 250 g Mehl, 3 Eiern und 1/2 TL Salz vermischen und etwa 5 Min. kneten. Zugedeckt 1 Std. kalt stellen. Den Teig leicht mit Mehl bestäuben, in 4 Portionen teilen. Den Teig so oft durch die glatten Walzen der Nudelmaschine drehen, bis ein elastisches dünnes Band entsteht. Dabei den Teig immer wieder mit Mehl bestäuben und den Walzenabstand enger stellen. Die Teigbänder kurz antrocknen lassen, dann über die geriffelten Schneidewalzen für Bandnudeln drehen. In kochendem Salzwasser in 5–7 Min. bissfest garen. Abgießen und kurz abtropfen lassen.

Serviertipp

Das Gemüse auf vorgewärmte tiefe Teller geben. Die Pfeffernudeln darauf drehen, die Keulen obenauf legen. Die Sauce darüber ziehen. Mit einem Rosmarinzweig servieren.

Unsere Weinempfehlung

Ein Wein, der nach dunklen Beeren und Gewürzen schmeckt, z. B. 2003 Merlot Barrique, Weingut Setzer, Österreich, Weinviertel; bei 16° servieren.

Medaillons mit Schokoladen-Zwiebel-Marmelade

Für 4 Personen

150 g Zwiebeln

1/2 l Rotwein

100 g Muscovadozucker (s. Infos)

1 Zweig Thymian

1 Lorbeerblatt

80 g Xocopili (Valrhona; s. Infos)

2 cl Johannisbeerlikör (z. B. Crème de Cassis)

Salz

Pfeffer aus der Mühle

2 Schweinefilets (à etwa 320–360 g)

2 EL Butterschmalz

Zubereitungszeit: 40 Min.

1 | Die Zwiebeln schälen und in feine Würfel schneiden. Mit Rotwein, Zucker, Thymian und Lorbeerblatt in einen Topf geben und einkochen lassen, bis die Flüssigkeit beinahe verkocht ist. Die Xocopili darin auflösen, den Likör unterrühren. Die Marmelade mit Salz und Pfeffer abschmecken und warm stellen.

2 | Die Schweinefilets von Fett und Sehnen befreien und in 12 etwa 3–4 cm dicke Medaillons schneiden, mit Salz und Pfeffer würzen. Das Butterschmalz in einer Pfanne erhitzen, darin die Medaillons von jeder Seite 2–3 Min. anbraten. Herausnehmen und in Alufolie kurz ruhen lassen.

3 | Von der Schokoladen-Zwiebel-Marmelade mit zwei Esslöffeln jeweils 3 Nocken abstechen und auf vorgewärmte Teller setzen. Dazwischen jeweils drei Medaillons anrichten. Dazu passt Kohlrabigemüse.

Tipp

Die Schokoladen-Zwiebel-Marmelade passt außerdem gut zu kurz gebratenem Fleisch, Käse und deftigen Fischgerichten. Sie können sie auf Vorrat herstellen und in einem gut verschlossenen Glas im Kühlschrank mehrere Wochen aufbewahren.

Infos

Valrhona-Xocopili sind Schokokugeln aus Valrhona-Schokolade mit 72 % Kakaoanteil. Sie sind mit Salz, Paprika-, Piment-, Curry- und Kardamompulver gewürzt.

Muscovadozucker ist ein feuchter Rohrzucker mit karamellartigem Geschmack. Ersatzweise können Sie braunen Zucker verwenden, doch der Geschmack ist dann nicht mehr derselbe. Beide Zutaten bekommen Sie über das Internet *(s. Seite 160)**.*

Geschmorte Ochsenbacke

Für 4 Personen

1 kleine Möhre (ca. 50 g)

1 kleine Petersilienwurzel (ca. 50 g)

100 g Schalotten

6 Korianderkapseln

300 ml Rotwein (z. B. Spätburgunder)

30 ml Aceto balsamico

je 2 Zweige Petersilie und Bohnenkraut

Schale von 1/2 Bio-Zitrone

2 Nelken

Pfeffer aus der Mühle

Meersalz

30 g Kakaobohnenbruch (Schokoladengeschäft)

800 g Ochsenbacke (beim Metzger vorbestellen)

30 g Butterschmalz

1 EL Tomatenmark

1 l Rinder- oder Kalbsfond (aus dem Glas)

30–40 g bittere Schokolade (70 % Kakaoanteil)

20 g kalte Butter

Zubereitungszeit: 45 Min.
Marinierzeit: 3 Tage
Garzeit: 1–3Std.

1 | Möhre und Petersilienwurzel putzen, schälen und in feine Würfel schneiden. Die Schalotten schälen und ebenfalls fein würfeln. Die Korianderkapseln im Mörser zerstoßen und zusammen mit dem Gemüse, Rotwein, Essig, Kräutern, Zitronenschale, Nelken, Pfeffer, Meersalz und Kakaobohnenbruch in einer Schüssel vermischen. Die Ochsenbacken darin wenden und zugedeckt 3 Tage kühl stellen.

2 | Das Fleisch aus der Marinade nehmen und trockentupfen. Die Marinade durch ein Sieb passieren, auffangen und beides beiseite stellen.

3 | Das Butterschmalz in einem Bräter erhitzen, darin das Fleisch rundherum anbraten. Das Fleisch herausnehmen. Die abgetropften Gemüse, Kräuter und Gewürze von der Marinade in den Bräter geben und kurz anrösten. Tomatenmark unterrühren. Mit der Marinade ablöschen und mit dem Fond auffüllen. Das Fleisch wieder in den Bräter geben und zugedeckt bei schwacher Hitze 1–3 Std. langsam schmoren lassen, bis das Fleisch weich ist.

4 | Das Fleisch aus dem Bräter nehmen und zugedeckt warm halten. Den Schmorfond durch ein feines Sieb passieren und bei schwacher Hitze auf die Hälfte einkochen lassen. Schokolade und Butter würfeln und unterrühren, um die Sauce zu binden. Mit Meersalz und Pfeffer abschmecken. Das Fleisch in Scheiben schneiden, anrichten und mit Sauce servieren.

Beilagen-Tipp

Dazu passen Rahmpolenta (s. Seite 149), Kartoffelpüree (s. Seite 149), Gnocchetti oder Klöße und ein herzhaftes Schmorgemüse, wie Rotkohl (s. Seite 114), Rübchen oder Schwarzwurzeln.

Unsere Weinempfehlung

Weine mit leicht erdigen Aromen und Früchten wie Cassis und Weichselkirsche, kräftigem Tannin, guter Balance und Länge, z. B. 2003 »Imperial« Schloss Halbturn, Burgenland; Cuveé (Cabernet Sauvignon, Blaufränkisch, Merlot, Cabernet Franc); bei 16–17° servieren.

Info

In guten Schokoladengeschäften gibt es Kakaobohnen im Ganzen oder als Bruch zu kaufen. Wer Kakaobohnenbruch nicht bekommt, nimmt Kakaobohnen und zerstößt sie im Mörser.

Gianduja-Rinder-Kompott mit Selleriepüree

Für 4 Personen

Für das Rinderkompott:

800 g Rindfleisch (aus der Schulter)

2 Schalotten

2 Knoblauchzehen

4 Zweige Rosmarin

150 g Gianduja-Schokolade (oder 100 g Nougatschokolade)

30 g Olivenöl

80 g Butter

150 ml trockener kräftiger Rotwein

ca. 2 l Kalbsfond (aus dem Glas)

Für das Selleriepüree:

300 g Knollensellerie

2 Schalotten

1/2 Zitrone

2 EL Butter

200 ml Gemüsefond (aus dem Glas)

Außerdem:

Meersalz

Pfeffer aus der Mühle

Zubereitungszeit: 45 Min.
Garzeit: 1 Std. 45 Min.

1 | Rindfleisch waschen, trockentupfen, von Fett und Sehnen befreien und etwa 2 cm groß würfeln. Schalotten und Knoblauch schälen. Schalotten fein schneiden, Knoblauch grob hacken. Rosmarin waschen und trockenschütteln, die Nadeln abzupfen. Schokolade fein hacken.

2 | Öl in einem breiten, flachen Topf erhitzen, darin das Fleisch rundum kräftig anbraten. Schalotten und Butter zugeben, leicht Farbe annehmen lassen. Mit Rotwein ablöschen, mit etwas Meersalz und Pfeffer würzen. Wein offen reduzieren lassen, bis er fast verkocht ist. 1 1/2 l Fond zugießen und bei schwacher Hitze 1 Std. simmern (s. Seite 159) lassen.

3 | Rosmarinnadeln und Knoblauch zufügen, weitere 45 Min. köcheln lassen, dabei das Fleisch immer wieder mit einem Holzlöffel zerdrücken, etwas vom übrigen Fond oder Wasser zugießen, bis er aufgebraucht und ein feinfaseriges Kompott entstanden ist.

4 | Inzwischen Sellerie und Schalotten schälen, beides klein würfeln. Den Saft der Zitrone auspressen. Butter in einem Topf schmelzen lassen, darin Sellerie und Schalotten kurz andünsten. Zitronensaft und Fond zugeben und den Sellerie bei schwacher Hitze etwa 20 Min. dünsten, bis er weich und die Flüssigkeit reduziert ist. Beiseite stellen, den Sellerie mit dem Pürierstab fein pürieren und mit Meersalz würzen.

5 | Die Schokolade unter das warme Rinderkompott rühren. Mit Meersalz und Pfeffer abschmecken.

Serviertipp

Zum Anrichten je einen Tortenring von 8 cm Ø auf vorgewärmte Teller setzen. Bis zur Hälfte mit Rinderkompott füllen, das Selleriepüree darüber schichten, den Ring behutsam entfernen. Je 1–2 Salatblätter dazulegen und mit reduziertem oder sehr altem Aceto balsamico beträufeln.

Varianten

Statt Rinderschulter können Sie auch die gleiche Menge Rehfleisch aus der Schulter oder Entenkeule verwenden.

Gianduja-Schokolade ist hochwertige Nougatschokolade und gibt es in guten Schokoladenläden oder übers Internet (s. Seite 160). Wer sie nicht bekommt, nimmt 100 g Nougatschokolade.

Rehrücken mit Holunder-Kardamom-Schokoladensauce

Für 4 Personen

1 kg Rehrücken mit Knochen (vom Metzger auslösen lassen)

1 kleine Zwiebel

50 g Möhre

4 EL Butterschmalz

2 EL Tomatenmark

1 gehäufter EL Apfelkraut

300 ml kräftiger Rotwein

1 l Wildfond (s. Seite 149; oder Kalbsfond aus dem Glas)

1 EL Kardamomkapseln

2 Lorbeerblätter

je 4 Zweige Rosmarin und Thymian

1 EL Wacholderbeeren

3 Nelken

100 g dunkles Holundermark (Delikatessengeschäft)

40 g dunkle Kuvertüre

40 g Butter

10 g entöltes Kakaopulver

Meersalz

Pfeffer aus der Mühle

Zubereitungszeit: 50 Min.
Garzeit: 3 Std.

1 | Den Rehrücken auslösen, von Sehnen und Fett befreien, in etwa 8 cm große Portionen schneiden und beiseite stellen. Den Knochen klein hacken. Zwiebel und Möhre schälen, grob klein schneiden. 2 EL Butterschmalz in einem Bräter erhitzen, darin Knochen, Sehnen und Fett scharf anbraten. Gemüse zugeben und mit anbraten. Tomatenmark und Apfelkraut zugeben, etwas karamellisieren lassen. Mit Rotwein ablöschen und 800 ml Fond dazugießen.

2 | Kardamomkapseln aufdrücken, mit Lorbeerblättern, je 3 Zweigen Rosmarin und Thymian, Wacholderbeeren, Nelken und Holundermark in den Bräter geben. Alles etwa 3 Std. sanft köcheln lassen, dabei den übrigen Fond nachgießen.

3 | Die Sauce durch ein feines Sieb passieren und auf ein Drittel einkochen lassen. Kuvertüre und Butter in Würfel schneiden und mit Kakaopulver unterrühren (einmontieren). Mit Salz und Pfeffer abschmecken, warm stellen.

4 | Backofen auf 60–70° vorheizen. Rehrücken mit Salz und Pfeffer würzen. Übriges Butterschmalz in einer Pfanne erhitzen, darin das Fleisch von allen Seiten 2 Min. scharf anbraten. Die restlichen Kräuterzweige dazulegen. Das Fleisch in Alufolie wickeln und im Ofen bei 60–70° etwa 20 Min. ruhen lassen. Dazu passt Schwarzwurzelgemüse.

Beilagen-Tipp

600 g Schwarzwurzeln waschen, schälen und in gleich große Stücke schneiden. 1 Schalotte schälen, fein würfeln und in etwas Butter glasig dünsten. Schwarzwurzeln zugeben, mit 1 Schuss Weißwein ablöschen, salzen, pfeffern und zugedeckt in 10 Min. garen.

Serviertipp

Die Schwarzwurzeln auf vorgewärmten Tellern anrichten. Die Fleischstücke diagonal durchschneiden, darauf setzen, mit Holunder-Kardamom-Schokoladensauce überziehen und mit 60 g Preiselbeerkompott aus dem Glas dekorieren.

Unsere Weinempfehlung

Weine mit Aromen von roten Beeren, Zwetschgen, Vanille, gut balanciertem Süße-Säurespiel, z. B. 2001 Oppenheim Kreuz, Spätburgunder 1. Gewächs; Weingut Kühling Gillot, Bodenheim, Rheinhessen.

Bergischer Rehsauerbraten

Für 4 Personen

Für die Marinade:

50 g Möhren

50 g Knollensellerie

100 g Zwiebeln (oder Schalotten)

300 ml kräftiger Rotwein (z. B. Spätburgunder)

30 ml Aceto balsamico

je 2 Zweige Rosmarin und Thymian

4 Lorbeerblätter

1 EL Wacholderbeeren

3 Nelken

Meersalz

Pfeffer aus der Mühle

Für den Braten:

800 g Rehfleisch aus der Keule (am besten Nüsschen, ca. 400 g)

30 g Butterschmalz

1 EL Tomatenmark

20 g Apfelkraut

1 l Wildfond (s. Seite 149; oder Kalbsfond aus dem Glas)

30 g Bitterschokolade

2 EL kalte Butter

Zubereitungszeit: 45 Min.
Marinierzeit: 3 Tage
Garzeit: 2 Std.

1 | Gemüse schälen, etwa 1 cm groß würfeln. Mit Rotwein, Essig, Kräutern, Lorbeerblättern, Wacholderbeeren und Nelken in einer Schüssel mischen, mit 1 Prise Meersalz und Pfeffer würzen. Fleisch hineinlegen, zugedeckt 3 Tage kühl stellen.

2 | Fleisch herausnehmen, trockentupfen. Marinade durch ein Sieb passieren, auffangen, beides beiseite stellen. Butterschmalz in einem Bräter erhitzen, darin das Fleisch rundum scharf anbraten. Herausnehmen und beiseite stellen.

3 | Die abgetropften Gemüse, Kräuter und Gewürze aus der Marinade in den Bräter geben, kurz anrösten. Tomatenmark und Apfelkraut unterrühren und etwa 2 Min. karamellisieren lassen. Mit Marinade ablöschen und den Fond zugießen. Fleisch zugeben, zugedeckt bei schwacher Hitze etwa 2 Std. schmoren lassen, bis es weich ist.

4 | Fleisch herausnehmen, zugedeckt warm stellen. Schmorfond durch ein Sieb passieren, bei schwacher Hitze in etwa 20 Min. auf die Hälfte einkochen lassen. Schokolade und Butter in Würfeln unterrühren, um die Sauce zu binden. Mit Meersalz und Pfeffer würzen. Das Fleisch zum Servieren in dünne Scheiben schneiden. Dazu passt Stielmus.

Beilagen-Tipp

Für das Stielmus 100 g Kartoffeln schälen und garen. 400 g Rübstiel waschen, die oberen Blätter in feine Streifen schneiden. In kochendem Salzwasser 1–2 Min. blanchieren. In Eiswasser abschrecken und abtropfen lassen. 1 kleine Zwiebel schälen, fein würfeln und in 30 g Butter glasig dünsten. 100 g Sahne zugeben, einmal aufkochen lassen. Rübstiel unterrühren. Kartoffeln zum Binden dazudrücken. Mit Salz, Pfeffer aus der Mühle, frisch geriebener Muskatnuss würzen.
Stielmus ist eine typisch rheinländische Spezialität. Wenn Sie das Gemüse nicht bekommen, schneiden Sie Mangold- oder Chinakohlblätter in Streifen.

Serviertipp

Je 1–2 EL Stielmus in die Mitte von vorgewärmten Tellern geben. Je 2 Scheiben Rehsauerbraten darauf legen und die Sauce darüber ziehen. Mit 60 g Preiselbeerkompott und je 1 Zweig Rosmarin dekorieren.

Unsere Weinempfehlung:

*Weine, die nach roten Beeren, Kirschen, Laub und Röstaroma schmecken, mit dezenter Süße, z. B. 2003 Spätburgunder *** Barrique; Weingut Rheinhold und Cornelia Schneider, Endingen am Kaiserstuhl; bei 15–16° Grad servieren.*

DEKORIEREN MIT SCHOKOLADE

VON SCHOKOLADEN-ZIGARREN BIS ZU SCHOKO-LOLLYS

DIE REZEPTE

Frisch geerntete Blätter von Ihrem Lieblingsbaum sind hier die Vorlage für eine schöne Dekoration.

Schokoladenblätter

Für etwa 60 Stück

ca. 60 verschiedene echte Blätter (z. B. Ahorn, Eiche, Buche)

200 g temperierte weiße, dunkle oder Milch-Kuvertüre (s. Seite 147)

Backpapier

Zubereitungszeit: 40 Min.

1 | Die Blätter gründlich waschen und trockentupfen. Die Kuvertüre mit einem Pinsel auf eine Seite des Blattes von innen nach außen streichen. Sowohl Vorder- als auch Rückseite ergeben schöne Verzierungen.

2 | Die Blätter zum Trocknen der Kuvertüre auf Backpapier legen. Nach dem Erstarren der Kuvertüre die Blätter sehr vorsichtig von der Kuvertüre lösen.

3 | Die Schokoblätter eignen sich gut als Dekoration für Torten oder Cremes in Schüsseln.

Schokoladenhippenblätter

Für ca. 40 Stück

200 g Puderzucker

170 g Mehl

70 g Marzipanrohmasse

30 g Kakaopulver

3 Eier

1 Prise Salz

1 Prise Zimtpulver

1 Silpatmatte (ersatzweise Backpapier)

Zubereitungszeit: 20 Min.
Backzeit: ca. 15 Min.

1 | Alle Zutaten in einen Mixer geben und vermengen. Die Masse durch ein Haarsieb streichen.

2 | Die Silpatmatte auf ein Blech oder Tablett legen. Den Backofen auf 175° (Umluft 160°) vorheizen. Die Masse mithilfe von Schablonen (dafür beliebige Formen, z. B. runde, eckige, Blattform auf Papier malen, dann die Vorlage unter die durchsichtige Silpatmatte legen) sehr dünn darauf streichen.

3 | Eventuell die Hippenblätter zusätzlich über ein Nudelholz rollen, um ihnen Form zu geben. Im Backofen (Mitte) etwa 15 Min. backen.

Schokoladen-Zigarren

Für 60–70 Stück

200 g temperierte dunkle, weiße oder Milch-Kuvertüre (s. Seite 147)

kalte Marmorplatte

Winkelpalette

Spachtel

Zubereitungszeit: 20 Min.

1 | Die temperierte Kuvertüre auf die kalte Marmorplatte oder eine andere kalte Arbeitsfläche gießen und mit einer Winkelpalette sehr dünn verstreichen.

2 | Die Kuvertüre kurz erstarren lassen. Von der abgekühlten, noch weichen Kuvertüre mit einem Spachtel etwa 3 cm Kuvertüre in Röllchen ablösen. Je kälter die Kuvertüre, desto weniger rollen sich die Schokoladen-Zigarren.

3 | In einer Dose und im Kühlschrank sind sie etwa 4 Monate haltbar. Sie passen sehr gut zu den Eisrezepten in diesem Buch (s. Seite 70 und 72).

Schoko-Ornamente

Für ca. 60 Stück

1 Spritzer Kirschwasser

200 g temperierte dunkle, weiße oder Milch-Kuvertüre (s. Seite 147)

Außerdem:

Backpapier

1 kleiner Spritzbeutel

Zubereitungszeit: 30 Min.

1 | Auf die unbeschichtete Seite des Backpapiers nach Belieben Ornamente aufmalen, z. B. Zahlen, Buchstaben, Herzen oder andere Muster. Das Papier umdrehen und auf eine glatte Unterlage legen, z. B. Tablett oder Porzellanplatte.

2 | Zum Andicken 1 Spritzer Kirschwasser unter die temperierte Kuvertüre rühren. Die Kuvertüre in den Spritzbeutel füllen. Die Kuvertüre entlang der Ornamentvorlagen spritzen. Die Ornamente kalt werden lassen und sehr vorsichtig vom Backpapier lösen.

3 | Die Ornamente lassen sich auf Vorrat herstellen. Sie passen sehr gut als Deko am Glasrand eines Schokococktails oder zum Geeisten Cappucchino (s. Seite 75).

Oben: Schokoladen-Zigarren
Unten: Gespritzte Schokoladendeko lässt sich ganz einfach herstellen: Schöne Motive auf Backpapier oder Pergamentpapier zeichnen. Die Kuvertüre in einen kleinen Spritzbeutel mit kleinem Loch füllen und die Linien nachziehen.

Die Lollys und Hippen passen sehr gut zu Eis, Parfaits und Cremes.

Schokoladen-Lollys

Für 4 Lollys

ca. 80 g temperierte dunkle Kuvertüre (s. Seite 147)

8 rosa Pfefferbeeren

Maldon Sea Salt (ersatzweise ein anderes sehr hochwertiges, mildes, aber aromatisches Meersalz)

Außerdem:

4 kleine Holzspieße

1 Spritzbeutel

Zubereitungszeit: 15 Min.

1 | Die Holzspießchen im Abstand von etwa 10 cm auf Alufolie ausbreiten.

2 | Die Kuvertüre in einen Spritzbeutel füllen und in kreisenden Bewegungen auf die Spießchen spritzen.

3 | Pfefferbeeren und 1–2 Salzkörner (je nach Größe) auf jeden Lolly streuen. Die Kuvertüre kalt werden lassen. Die Lollys vorsichtig von der Folie lösen.

Info

Maldon Sea Salt wird in dem englischen Städtchen Maldon bei Springflut aus Meerwasser mittlerer Tiefe gewonnen. Seine Kristalle sind mild, dennoch sehr geschmacksintensiv. Sie bekommen es in Feinkostgeschäften oder übers Internet (s. Seite 160).

Orangen-Schokohippen

Für ca. 50 Stück

75 g Butter

75 ml Orangensaft

300 g Zucker

100 g Sesamsamen, gemahlener Mohn oder gehackte Mandeln

50 g Kakaobohnenschrot

45 g sehr feines Weizenmehl

15 g Kakaopulver

Backpapier

Zubereitungszeit: 15 Min.
Backzeit: ca. 15 Min.

1 | Den Backofen auf 165° (Umluft 155°) vorheizen. Ein Backblech mit Backpapier auslegen.

2 | Die Butter in einem Topf schmelzen lassen. Orangensaft und Zucker verrühren und die flüssige Butter dazugeben.

3 | Sesamsamen, Mohn oder Mandeln, Kakaobohnenschrot, Mehl und Kakopulver unterrühren. Aus dem Hippenteig mit einem Teelöffel Häufchen auf das Backpapier setzen. Im Backofen (Mitte) 15 Min. backen.

Gestreifte Schokoladenplättchen

Für 70–80 Stück

100 g temperierte weiße Kuvertüre (s. Seite 147)

200 g temperierte dunkle Kuvertüre (s. Seite 147)

Außerdem:

Palette

Garnierkamm

Ausstechformen

Zubereitungszeit: 40 Min.

1 | Die weiße Kuvertüre mit einer Palette dünn auf Alufolie streichen. Mit einem Garnierkamm der Länge nach darüber streichen, so dass ein Streifenmuster entsteht. Die Kuvertüre erstarren lassen.

2 | Die dunkle Kuvertüre in einer feinen Schicht auf die weiße Kuvertüre streichen und ebenfalls erstarren lassen.

3 | Mit Ausstechformen in verschiedenen Formen ausstechen. Sie passen gut zu Eis oder Mousse au chocolat.

Gespritzte Schokoladengitter

Für ca. 30 Stück

200 g temperierte Kuvertüre (s. Seite 147)

1 Spritzer Kirschwasser

Außerdem

Backpapier

1 kleiner Spritzbeutel

Zubereitungszeit: 10 Min.

1 | Backpapier auf einer Arbeitsfläche oder einem Backblech auslegen. Die temperierte Kuvertüre zum Andicken mit dem Kirschwasser verrühren und sofort in den Spritzbeutel füllen.

2 | Zügig kleine Gittermuster auf das Backpapier spritzen. Die Schokoladengitter erkalten lassen und vorsichtig vom Backpapier lösen.

Tipp

Sie können die Gitter noch zusätzlich mit einer beliebigen Ausstechform in Form bringen.

Im Bild oben: Kuvertüre temperieren mit der Impfmethode, unten: mit der Tabliermethode

Kuvertüre temperieren

Temperieren heißt etwas schonend erwärmen oder abkühlen. Temperierte Kuvertüre lässt sich sehr gut als Überzug oder Dekoration verarbeiten. Beim Temperieren sollte sie jedoch nicht über 40° erhitzt werden. Wird Kuvertüre nicht temperiert, erstarrt sie ungleichmäßig, bildet Schlieren auf der Oberfläche und verliert ihren typischen Glanz. Es bildet sich der typische grau-weiße Reif.

Die Impfmethode

Die Impfmethode ist die einfachere von den beiden Temperier-Methoden. Das wichtigste Instrument dabei ist das Thermometer, um die Temperatur exakt messen zu können.

Das brauchen Sie:

1 Topf für das Wasserbad

1 Metallschüssel passend zum Topf

1 Küchenthermometer

Kuvertüre in Stücken

geriebene oder fein gehackte Kuvertüre von der gleichen Sorte

1 | Für das Wasserbad etwas Wasser in einem Topf erhitzen. Die Kuvertüre in Stücken in die Schüssel geben und über dem Wasserbad schmelzen lassen (nicht über 40°! Bild 1 oben).

2 | Geriebene Kuvertüre in kleinen Portionen unterrühren (Bild 2 und 3 oben), bis die gesamte Masse dickflüssiger wird und die Temperatur unter 30° sinkt.

3 | Die Kuvertüre über dem Wasserbad wieder vorsichtig auf 32° erwärmen, bevor sie weiterverarbeitet wird.

Die Probe

Ob Sie die Kuvertüre richtig temperiert haben, können Sie leicht testen. Tauchen Sie eine Palette (sie muss Zimmertemperatur haben) kurz in die Kuvertüre. Nach wenigen Minuten wird sie an der dünnsten Stelle hart und erstarrt gleichmäßig mit einem regelmäßigen Glanz und ohne Schlieren.

Die Tabliermethode

Sie ist die häufigste Temperier-Methode, wird wegen ihrer Genauigkeit besonders von Patisseuren und Konditoren geschätzt und erfordert etwas Übung.

Das brauchen Sie:

1 Topf für das Wasserbad

1 Metallschüssel passend zum Topf

1 Küchenthermometer

Kuvertüre

1 Palette

1 Spachtel

Marmor- oder Edelstahlplatte

1 | Für das Wasserbad etwas Wasser in einem Topf erhitzen. Die Kuvertüre in die Schüssel geben und über dem Wasserbad vollständig schmelzen lassen (nicht über 40°!).

2 | Etwa die Hälfte auf die Marmorplatte schütten (Bild 1 unten) und die Platte so lange hin und her bewegen, bis die Kuvertüre beginnt dickflüssig zu werden (Bild 2 unten).

3 | Die dickflüssige Kuvertüre sofort wieder in die Schüssel zur restlichen Kuvertüre geben (Bild 3 unten). Die Gesamttemperatur der Kuvertüre muss dann unter 30° liegen, ansonsten das Tablieren wiederholen.

4 | Die 30° warme Kuvertüre erneut über dem Wasserbad erwärmen, bis sie exakt 32° erreicht hat. Sie hat jetzt die ideale Temperatur, um verarbeitet werden zu können. Unter 30° ist sie zu dickflüssig und verliert beim Trocknen ihren Glanz, über 33° ist sie zu warm.

GRUNDREZEPTE

Läuterzucker

Für etwa 200 ml

100 g Zucker | 100 ml Wasser

Zubereitungszeit: 25 Min.

Zucker mit Wasser in einen Topf geben, verrühren und einmal aufkochen lassen.
Im Kühlschrank ist der Läuterzucker einige Wochen haltbar.

Schokoladensirup

Für etwa 450 ml Sirup

1 Vanilleschote

30 g Bienenhonig

1/4 l Milch | 220 g dunkle Kuvertüre

Außerdem:

1 Glas mit Schraubverschluss

Zubereitungszeit: 15 Min.

1 | Die Vanilleschote längs aufschlitzen und das Mark herauskratzen. Mit der Schote, dem Honig und der Milch in einen Topf geben und aufkochen lassen.

2 | Die Kuvertüre grob hacken und unter Rühren in der Milch schmelzen lassen. Was Sie nicht brauchen, in ein Schraubglas füllen und kalt stellen. Im Kühlschrank ist der Sirup einige Wochen haltbar.

Karamellsirup

Für etwa 450 ml Sirup

1 Bio-Orange | 250 g Zucker

Zubereitungszeit: 15 Min.

Die Orange waschen, abtrocknen und die Schale abreiben. Den Zucker in einem Topf goldgelb karamellisieren lassen, mit 200 ml Wasser ablöschen und einmal aufkochen lassen. Die Orangenschale unterrühren und abkühlen lassen.

Schokoladenbiskuit

Für ein Backblech

4 Eier

75 g Zucker

1 Prise Salz

40 g Mehl

30 g Speisestärke

20 g Kakaopulver

Backpapier

Zucker

Zubereitungszeit: 15 Min.
Backzeit: ca. 18 Min.

1 | Den Backofen auf 225° (Umluft 200°) vorheizen. Das Backblech mit Backpapier auslegen. Die Eier trennen.

2 | Eiweiße schaumig schlagen und kalt stellen. Eigelbe mit Zucker und Salz schaumig schlagen. Mehl, Speisestärke und Kakaopulver darüber sieben. Eischnee zugeben und alles unter die Eiermasse heben.

3 | Den Teig auf das Blech streichen. Im Backofen (Mitte) 14–18 Min. backen. Auf ein mit Zucker betreutes Küchentuch stürzen und das Backpapier sofort abziehen.

Variante für einen runden Biskuitboden

Dafür die Hälfte der Zutaten nehmen. Den Teig in einer mit Backpapier ausgelegten Springform (26 cm ø) backen. Anstelle der Springform können Sie auch einen Tortenring auf ein mit Backpapier belegtes Blech setzen.

Tipp

Für einen sommerlichen Blitzkuchen können Sie den Biskuit mit steif geschlagener Sahne bestreichen und mit frischen Früchten, z. B. Himbeeren oder Erdbeeren, belegen. Vor dem Anschneiden eventuell 15 Min. ins Gefrierfach stellen.

Baiser

Für 10 Stück

3 Eiweiße | 150 g Zucker | Backpapier

Zubereitungszeit: 15 Min.
Backzeit: ca. 6 Std.

1 | Backofen auf 90–100° vorheizen. Backblech mit Backpapier auslegen. Eiweiße mit dem Mixer steif schlagen, dabei nach und nach den Zucker unterschlagen.

2 | Den Eischnee in einen Spritzbeutel füllen und beliebige Ornamente aufs Blech spritzen. Oder mit einem Teelöffel Häufchen aufs Blech setzen. Im Backofen (Mitte) mindestens 6 Std. (oder über Nacht) trocknen lassen. Sie lassen sich in einer luftdicht verschließbaren Dose einige Monate aufbewahren. Baiser passt zu Eis oder als Deko für Torten.

Wildfond

Für 1 l

1 TL Öl

1,5 kg gehackte Knochen und Parüren (Fleisch-, Haut- und Sehnenabschnitte) vom Wild

je 1 Stängel Thymian, Rosmarin und Majoran

100 g gehackte Pilze (z. B. Champignons, Austernpilze, Kräuterseitlinge)

200 g gewürfeltes Wurzelgemüse (z. B. Möhren, Petersilienwurzel, Knollensellerie)

1 Lorbeerblatt | Meersalz

Zubereitungszeit: 20 Min.
Kochzeit: 2–3 Std.

1 | Öl in einem Topf erhitzen. Knochen und Parüren darin kräftig anrösten. Kräuter, Gemüse, Lorbeerblatt und Salz unterrühren und mit 2 l Wasser aufgießen.

2 | Alles aufkochen lassen und bei schwacher Hitze 2–3 Std. köcheln lassen. Den Fond durch ein Sieb abgießen.

Rahmpolenta

Für 4 Personen

2 Schalotten | 1 Knoblauchzehe

1 EL Olivenöl

400 ml Geflügelfond (aus dem Glas)

200 g Sahne | 1/4 TL Safranfäden

je 1 Zweig Thymian und Rosmarin

Salz | weißer Pfeffer aus der Mühle

100 g Polentagrieß

Zubereitungszeit: 45 Min.

1 | Schalotten und Knoblauch schälen, beides fein würfeln. Öl erhitzen, darin Schalotten und Knoblauch glasig dünsten. Fond, Sahne, Safran und Kräuter dazugeben, mit Salz und Pfeffer würzen und einmal aufkochen lassen.

2 | Den Polentagrieß mit dem Schneebesen einrühren und bei mittlerer Hitze 20 Min. kochen lassen, dabei gelegentlich umrühren. Die Kräuterzweige entfernen. Polenta zum Servieren wie Püree anrichten.

Kartoffelpüree

Für 4 Personen

400 g Kartoffeln | Salz | 100 g Sahne

50 g Butter | weißer Pfeffer

Muskatnuss, frisch gerieben (nach Belieben)

Zubereitungszeit: 30 Min.

Kartoffeln schälen, klein schneiden und in Salzwasser in 20 Min. garen, dann abgießen. Sahne und Butter aufkochen lassen. Kartoffeln dazugeben und mit dem Kartoffelstampfer fein zerstampfen. Mit Salz, Pfeffer und eventuell Muskat würzen.

Tipp

Wer es leichter mag, kann die Sahne durch Milch ersetzen und 70 g Butter zufügen.

CHATEAU

Schokolade und Wein

Eine Beerenauslese vom Riesling kombiniert mit eleganter Porcelana-Schokolade, ein kraftvoller Rio Caribe Superior, verfeinert mit etwas Chili, zu einem satten Rotwein aus dem Barrique? – Bis vor einigen Jahren waren die Liebhaber beider Genüsse noch davon überzeugt, zu Schokolade passe kein Wein so richtig gut. Dass sich diese Auffassung jetzt wandelt, hat einen ganz einfachen Grund: Die Qualität der Schokolade verändert sich laufend. Nach wie vor wird kein Weinliebhaber seinen edlen Wein mit einer Tafel aus dem Supermarkt kombinieren; sie sind überzuckert, mit künstlichen Aromen und Fetten verfälscht, und setzen den Wein eher herab als ihn zu heben.

Inzwischen überzeugen eine edle Schokolade mit ihrer perfekten Balance zwischen Süße, Säure und Bitterkeit und zartem Schmelz zu einem darauf abgestimmten Wein auch den größten Zweifler unter den Weinkennern. Immer öfter lassen sie sich entführen in ein Reich ungeahnter Genüsse, erkennen, dass eine gute Schokolade nach einem ebenso guten Wein verlangt. Das gilt für Milchschokolade wie auch für Edelbitter- oder gar weiße Schokolade: Als idealer Partner betont der Wein durch seine gleichartigen Geschmackskomponenten die Aromen der Schokolade, wirkt aber ausgleichend, wenn etwa Edelbitterschokoladen mit säurearmen, kräftigen, alkoholreichen Rotweinen kombiniert werden. Ein reizvolles Wechselspiel, das ein spannungsreiches Geschmackserlebnis verspricht.

Welcher Wein passt zu Schokolade?

Auch das ist natürlich eine Sache des persönlichen Geschmacks und hängt von Ihrer Experimentierfreude ab. Lassen Sie sich ruhig auf Ungewohntes ein, und probieren Sie ein bisschen, um Ihre Lieblingskombination zu entdecken.

Doch ein paar einfache Regeln sollten Sie bei der Verkostung (Degustation) beachten, damit sowohl Wein als auch Schokolade voll zur Geltung kommen:

› Bewahren Sie die geschmackliche Balance: Wenn die Aromen in Wein und Schokolade übereinstimmen, ist der Grundstein gelegt.

› Eine tiefe Frucht und ein kräftiger Körper des Weins betonen die Fruchtigkeit der Schokolade. Wenn Sie die Aromen und die fruchtigen Komponenten einer Schokolade bereits kennen, ist es im Weinhandel einfacher, den richtigen Wein zu finden. Suchen Sie dann nach einem Wein, der genau diese Noten auch enthält.

› Je höher der Kakaoanteil der Schokolade ist, desto höher sollten Alkohol- und Süßegehalt des Weins sein, so dass zu den Bitterstoffen der Schokolade keine weiteren im Wein hinzukommen.

› Gewürzte Schokoladen harmonieren gut mit Weinen aus dem Barrique.

› Ein guter Portwein und eine Edel-Schokolade passen immer zueinander.

› Kombinieren Sie Schokoladendesserts mit säurearmen, kräftigen und alkoholreichen Weinen.

Edelbitterschokolade

Der Kakaoanteil dunkler Schokolade beträgt 60 Prozent und mehr. Ihre Süße ist entsprechend geringer als die von Milchschokolade, je nach Kakaosorte beziehungsweise Cuvée bestimmen neben fruchtigen auch herbe Noten wie Holz, Lakritz oder Tabak den Geschmack. Fruchtige, trockene Rotweine mit weichen Tanninen und einem hohen Alkoholgehalt sind hier die idealen Begleiter. Ein kompakter, kräftiger Körper verbindet

sich harmonisch mit Schokoladen, die mehr als 70 Prozent Kakao enthalten. Dagegen sollten Sie die Kombination sehr herber (über 85 Prozent) oder gar purer Schokolade (99–100 Prozent) mit Wein behutsam angehen: Die Bitterstoffe von Wein und Schokolade addieren sich und dominieren den Geschmack, und der Wein steigert erheblich die Adstringens des Kakaos. Wählen Sie hier unbedingt einen Wein mit hohem Süßegehalt und viel Alkohol – etwa einen Banyuls Grand Cru. Dieser französische Süßwein passt nicht nur farblich hervorragend zu der dunklen Schokolade, sondern beschert Ihnen ein ganz neues Geschmackserlebnis. Ist die Schokolade mit Chili oder Ingwer aromatisiert, passt ein im Barrique ausgebauter Roter ausgezeichnet dazu.

Milchschokolade

Milchschokolade verlangt nach ganz anderen Weinen als Edelbittersorten. Über 30 Prozent beträgt der Kakaoanteil bei Milchschokolade, Zucker und Milch bilden die Haupt-, wenn nicht einzigen weiteren Bestandteile. Diesen Bestandteilen stellen Sie am besten edelsüße Auslesen und Beerenauslesen gegenüber, bei dunkler Milchschokolade (ab 40 Prozent Kakaoanteil) lässt sich sogar ein Eiswein empfehlen – etwa ein Riesling.

Bevorzugen Sie eher trockene Rotweine, dann achten Sie darauf, dass die Fruchtnoten denen der Schokolade entsprechen. Auch eine zarte Würze sollte ein Rotwein einer Milchschokolade entgegensetzen. Wie auch bei dunkler Schokolade gilt für mild pfeffrige Milchschokoladen: Barrique-Aromen passen hervorragend. Dann sollten Sie allerdings weiße Barrique-Weine wie Grau- oder Weißburgunder den roten vorzuziehen.

Edelbittere Schokolade mit mehr als 70 Prozent Kakaoanteil verlangt nach einem kräftigen, vollmundigen Rotwein. Wie wäre es beispielsweise mit den Rebsorten Grenache oder Merlot?

Weiße Schokolade

Milch und echte Vanille dominieren den Geschmack von weißer Schokolade – ein edelsüßes Gewächs ist hier immer richtig. Dennoch darf gerade bei weißer Schokolade auch einmal ein Weißwein mit kräftiger Säure probiert werden. Der teilweise undeutliche Geschmack der Schokolade wird dadurch gehoben und wirkt frischer. Eine Riesling-Auslese, aber vor allem ein Riesling Eiswein versprechen einen absoluten Hochgenuss. Mit seinen Noten von grünem Apfel, Rosenblüten und grünem Gras kann das edle Gewächs im Sommer kaum einen besseren Partner finden.

Aromatisierte und gefüllte Schokoladen

Wenn Sie die Vielfalt der gefüllten und aromatisierten Schokoladen betrachten, wird klar, dass sich für ihre Komposition mit dem idealen Wein keine einheitliche oder gar sinnvolle Empfehlung geben lässt. In der Regel sollten die Aromen der Schokolade mit denen des Weins harmonieren.

Testen Sie verschiedene Kombinationen und entdecken Sie Ihre eigenen Favoriten. Das gilt auch für den Ablauf der Verkostung. Hier scheiden sich noch immer die Geister der Genießer: zuerst einen Schluck Wein, dann ein Stück Schokolade, und erst anschließend beides zusammen probieren oder doch erst die Schokolade und danach den Wein?

Lassen Sie sich nicht allzu viele Regeln auferlegen, orientieren Sie sich an Ihren Vorlieben und vertrauen Sie auf Ihre Sinne, denn an erster Stelle steht Ihr persönlicher Genuss.

Der Geschmack weißer Schokolade ist eher undeutlich, manchmal sogar dumpf. Ein frischer, gut gekühlter deutscher Riesling ist im Sommer ein idealer Begleiter.

Who is Who der Edel-Schokoladen-Industrie

Amedei

2005 wurde die dunkle Chuao-Schokolade von Amedei von der Londoner Academy of Chocolate zur besten dunklen Schokolade der Welt ausgezeichnet. Auch andere Produkte fanden großen Anklang bei der Jury. Das Geschwisterpaar aus Pisa setzt bei seinen Produkten nicht nur auf ausgezeichnete Rohstoffqualität, sondern auch auf eine gute Bezahlung der Kakaobauern, die weit über den Weltmarktpreisen liegt. www.amedei.it

Coppeneur

Feinherb, mit Vollmilch oder gefüllt – die kleine, deutsche Schokoladenmanufaktur mit Sitz in Bad Honnef bringt seit einigen Jahren elegante Schokoladen- und Pralinenvariationen auf den Markt. Besonders aber ihre Kakaobohnen und Kakaonibs, umhüllt mit feiner Schokolade und teilweise scharf gewürzt mit Chili oder Ingwer, machen Furore. www.coppeneur.de

Dolfin

Die Spezialität des belgischen Herstellers Dolfin sind aromatisierte Milch- und Zartbitterschokoladen, etwa mit rosa Pfefferkörnern, Zimt, kandierter Orange oder Earl-Grey-Tee; Aromen, die den Geschmack der Schokolade eher unterstreichen als überdecken. Zwei Preise beim Great Taste Award haben die belgischen Brüder Poncelet für ihre Kreationen erhalten. www.dolfin.be

Domori

Der genuesische Edel-Schokoladen-Fabrikant hat sich nicht nur der Herstellung feinster Schokoladen verschrieben, sondern auch ein Projekt zur Rekultivierung alter Criollo-Hybriden ins Leben gerufen (s. Seite 25). Neben dem großen Sortiment großartiger, sehr erlesener Edelbitter- und Milchschokoladen, verfeinert mit Gewürzen oder pur, gibt es eine Schokoladenlinie aus biologischem Anbau sowie 100%ige Schokolade. Letztere ist zwar sehr gewöhnungsbedürftig, lässt uns aber einmal feinen Kakao in seiner reinen Form schmecken. www.domori.com

El Rey

ist eines der wenigen Unternehmen, das seine Edel-Schokolade dort herstellt, wo der Kakao angebaut wird – in Venezuela. El Rey bevorzugt die Kakaosorten Rio Caribe oder Carenero Superior und stellt daraus Bitter- und dunkle Milchschokoladen, gefüllt und ungefüllt, sowie Kuvertüre und geröstete Kakaonibs her. Die Bezugsquellen in Deutschland sind nicht sehr verbreitet – das Internet ist hier immer noch die beste Adresse. www.chocolateselrey.com

Enric Rovira

Seine »Bombolas« sind zurzeit in aller Munde – etwa die mit frittiertem Mais in dunkler Schokolade. Aber auch seine Pralinenvariationen – mit Gaudi-Motiven oder als Planeten unseres Sonnensystems – sind echte Highlights. www.enricrovira.com

Feodora

Nach einer deutschen Prinzessin benannt, zählt die Schokolade der Feodora GmbH zu den besseren deutschen Schokoladen, die auch im Supermarkt erhältlich sind. Die dunklen Schokoladen werden zum Teil ohne Emulgator hergestellt. www.feodora.de

Green & Black's

Edel-Schokoladen aus biologischem Anbau und fair gehandelt – das hat sich das britische Unternehmen auf die Fahne geschrieben – und wurde dafür 2005 von der Londoner Academy of Chocolate mit der Bronzemedaille in der Kategorie »Beste dunkle Tafelschokolade aus biologischen Anbau« gekürt. Darüber hinaus umfasst das Sortiment erstklassige gefüllte Schokoladen, mit Mandeln oder Nüssen und Trinkschokolade. www.greenandblacks.com

Hachez

Vor allem für seine Pralinen ist das Bremer Unternehmen bekannt – gefüllt mit einer guten Ganache oder feinem Nougat. Daneben führt Hachez verschiedene gute Milch- und dunkle Schokoladen, hat aber auch eine fertige Mousse au chocolat sowie Trinkschokoladen im Sortiment. www.hachez.de

Lindt

Der Inbegriff der Schweizer Schokolade – auch wenn ein Großteil heute in Deutschland hergestellt wird – ist die von Lindt. Sie ist nicht nur deshalb berühmt, weil der Begründer des Unternehmens die Conche erfunden hat, sondern auch für die Feinheit ihrer Produkte.
www.lindt.com

Michel Cluizel

Zur Verkostung sind die Schokoladen von Michel Cluizel hervorragend geeignet, denn seine verschiedenen 1-ers-Crus-Plantagenschokoladen werden in kleinen Täfelchen portioniert angeboten, so dass Sie die Kakaosorten unterschiedlicher Anbaugebiete und Plantagen miteinander vergleichen können.
www.cluizel.com

Pierre Marcolini

Unter den belgischen Chocolatiers ist Marcolini zurzeit der unbestrittene Star – seine selbst gemachten Schokoladen und Pralinés gehören wie die von Amedei, Domori und Valrhona zur Spitzenklasse. Der Bezug ist nicht so einfach – Marcolini unterhält nur wenige eigene Geschäfte, und die Schokoladen sind nicht über Online-Shops zu beziehen. Wer in Brüssel ist, sollte daher einen Besuch bei Marcolini nicht versäumen.
www.marcolini.com

Pralus

Beim Grand Prix d'Excellence International du Chocolat und Grand Prix du Festival International du Chocolat wurden die feinen Schokoladen des französichen Herstellers Pralus ausgezeichnet. Empfehlenswert sind auch die Pralinen und vor allem der Brotaufstrich.
www.chocolato-pralus.com

Rausch

Herkunftsreine Schokoladen mit und ohne Milch – so präsentiert sich das deutsche Traditionsunternehmen Rausch. Solide Schokoladen, die zwar nicht mit Domori und Marcolini mithalten können, die aber erschwinglicher sind und sich deutlich von den Konsumschokoladen der Supermärkte abheben.
www.rausch.de

Scharffen Berger

Nur wenige US-amerikanische Schokoladenhersteller können es mit der europäischen Schokoladentradition aufnehmen: Scharffen Berger kann. Die aromatischen Schokoladen sind in Deutschland aber nicht überall zu haben – in einschlägigen Internetshops werden Sie sicher fündig.
www.scharffenberger.com

Valrhona

Die Chocolatiers aus dem Rhône-Tal haben sich vor allem mit der Herstellung hochwertiger Kuvertüren für die Gastronomie einen Namen gemacht. Aber auch die Schokoladen – aus edlen Kakaobohnen hergestellt – können sich mit denen anderer Spitzenchocolatiers messen. Es war übrigens Valrhona, der die Bezeichnung Grand Cru auch für Schokolade etablierte.
www.valrhona.com

Weiss

Gefüllte und aromatisierte Schokoladen sind die Spezialität des traditionsreichen französischen Unternehmens. Auch kleine Koffer mit Schokoladenvariationen, Kakaobohnen und einem passenden Wein sind im Sortiment. Weiss führt darüber hinaus Kakaobohnenbruch, mit dem Desserts und herzhafte Gerichte verfeinert werden können.
www.chocolatweiss.com

Zotter

Die Schokoladenvarianten bei Zotter sind ungewöhnlich. Der Österreicher hat sich auf gefüllte Schokoladen spezialisiert, die von »Erdbeere« bis zu »Weißer Mohn mit Zimt« reichen, aber auch einmal so abgedreht sein können wie »Sellerie mit Portwein« oder »Stutenmilch mit Hafer«. Ein wenig seltsam ist der Hinweis auf der Verpackung, die Schokolade vor dem Verzehr atmen zu lassen, obwohl sie nicht in einer luftdicht verschweißten Verpackung steckt. Immerhin garantiert Zotter, dass das gesamte verwendete Kakaopulver und der Rohrzucker aus fairem Handel stammen.
www.zotter.at

GLOSSAR

Abgang

Wie beim Wein werden als Abgang die Geschmacksempfindungen bezeichnet, die nach dem Schlucken auf der Zungenwurzel und am Gaumen präsent bleiben. Bei einer feinen Schokolade kann ein Abgang 20 Minuten und länger dauern.

Abziehen zur Rose

bedeutet, dass eine über dem Wasserbad aufgeschlagene Masse die richtige, leicht dickliche Konsistenz erreicht hat. Wenn Sie zum Test etwas Masse auf einen Löffel geben und darauf blasen, entsteht ein Muster, das einer Rose ähnelt.

Adstringens

bezeichnet in der Sprache des Chocolatiers einen austrocknenden und rauen Effekt im Mund. Er entsteht durch die Bitterstoffe der Schokolade und darf fast nicht auftreten.

Amarenakirsche

ist eine italienische Kirschenspezialität, die in einem Sirup aus Mandelöl, Zucker und Vanille eingelegt wurde.

Amelonado

Die Kakaofrüchte des Typus Amelonado sind verhältnismäßig bauchig mit einem deutlichen Ansatz zu einem Flaschenhals am Stielende. Das andere Ende läuft zu einer abgerundeten, stumpfen Spitze zusammen. Die Oberfläche ist rau mit flachen Furchen und vereinzelten Warzen.

Angoleta

Die Angoleta-Kakaofrüchte gleichen in ihrer Form einer Schlangengurke. Sie sind sehr schlank, haben keinen Hals und gehen in eine abgerundete Spitze über. Nur jede zweite Furche ist deutlich ausgeprägt, die Oberfläche ist mäßig rau.

Barrique

heißen die etwa 225 Liter fassenden Eichenfässer, in denen Weiß- und Rotwein gelagert werden. Sie geben dem Wein einen unverkennbaren Geschmack, der an Vanille erinnert und durch die im Holz gelösten Stoffe entsteht. Besonders würzige Schokoladen harmonieren mit den Weinen aus dem Barrique.

Blend

ist der Verschnitt von zwei oder mehreren Kakaosorten bzw. Untersorten. Blend ist ein anderer Begriff für Cuvée.

Blind backen

Für gefülltes Gebäck wird Mürbeteig »blind gebacken«, damit er seine Form behält und flach bleibt. Dafür Pergament- oder Backpapier auf den Teigboden und Rand drücken und getrocknete Hülsenfrüchte (Erbsen oder Linsen) gleichmäßig darauf verteilen. Nach etwa sieben Minuten Backzeit die Hülsenfrüchte samt Papier entfernen und fertig stellen.

Calabacillo

Die Kakaofrüchte sind rund bis oval und ein bisschen gedrungen und gleichen kleinen Kürbissen. Die Farbe wechselt während des Reifeprozesses von einem hellen Grasgrün zu einem warmen Gelborange. Die Haut ist fast glatt und die Längsfurchen sind nur undeutlich zu erkennen. Die Früchte haben weder eine ausgeprägte Spitze noch einen Flaschenhals.

Conche

Eine Maschine zum Conchieren, die 1879 von Rodolphe Lindt erfunden und nach ihrer ursprünglichen Muschelform (spanisch »concha« = »Muschel«) benannt wurde. Heute ist sie eine moderne Maschine, in der Schokolade so lange geknetet und gerührt wird, bis sie ihren zarten Schmelz und ihr volles Aroma entwickelt hat.

Chocolatier

ist ein Konditor, der sich ganz der Herstellung von Schokoladenprodukten widmet.

Criollo

Der Edelkakao schlechthin, dessen beste Varianten in Venezuela angebaut werden. Er macht weniger als ein Prozent des weltweiten Kakaos aus. Mithilfe seines Zuchtprogramms versucht der genuesische Schokoladenhersteller Domori, den Criollo stärker zu verbreiten.

Cru

Wie viele andere Fachtermini wurde auch der Begriff »Cru« aus dem Weinbau entnommen. Dort bezeichnet er einerseits Lage und Weingut, andererseits aber immer eine bestimmte Qualität. Das hat sich auch in der Schokoladenwelt durchgesetzt.

Cundeamor

Der Flaschenhals dieser Kakaofrüchte ist deutlicher ausgeprägt als bei der Amelonado. Die Früchte sind länger, schlanker und laufen in einer scharfen, bei manchen Sorten gebogenen Spitze aus. Die 10 Furchen der dicken Schale sind mal scharf, mal flacher geschnitten, aber gut erkennbar. Die Oberfläche ist rau bis warzig.

Cuvée

Der Verschnitt von zwei oder mehreren Kakaosorten bzw. Untersorten.

Dunkle Schokolade

Die edlen Dunklen haben einen Kakaoanteil von 60 Prozent und mehr. Konsumschokolade gibt es auch mit geringerem Kakaoanteil, sie erhalten dann die Bezeichnung »zartbitter«.

Forastero

Kakaosorte von verhältnismäßig minderer Qualität, aus dessen Bohnen hauptsächlich Konsumkakao hergestellt wird.

Ganache

ist eine feste Creme aus dunkler, heller oder weißer Schokolade und Sahne oder Crème fraiche. Sie wird zum Füllen von Pralinen, Trüffeln oder auch Torten verwendet und häufig mit Kaffee, Likör, Butter oder Gewürzen verfeinert. Wie so manche Leckerei wurde auch die Ganache in der Mitte des 19. Jahrhunderts von einem Pariser Patisseur erfunden.

Glukosesirup

ist ein hauptsächlich aus Traubenzucker bestehender, eingedickter Saft, der zum Süßen von Speisen und Getränken verwendet wird. Sie bekommen ihn beim Konditor, der Glukosesirup in großen Mengen vorrätig hat, oder im Reformhaus.

Hippen

Feine Gebäckfladen oder Gebäckrollen zum Dekorieren von Eis oder Cremes.

Hybride

Ein aus einer Kreuzung hervorgegangenes Lebewesen, dessen Eltern sich in mehreren erblichen Merkmalen unterscheiden.

Jahrgangsschokolade

Wie bei vielen Genussmitteln schmeckt auch beim Kakao und damit bei der Schokolade jede Ernte um viele Nuancen anders als die vorherige oder die folgende. Abhängig von der Witterung, der Bodenbeschaffenheit, aber auch von der anschließenden Fermentation, Trocknung und Röstung werden die Aromen der Kakaobohnen unterschiedlich herausgearbeitet. Die Hersteller edler Schokoladen gehen daher dazu über, Jahrgangsschokoladen zu produzieren, die nur Kakaobohnen eines Jahrgangs enthalten. Anders als beim Wein oder Whiskey kann man selten mehr als zwei verschiedene Jahrgänge vergleichen – eine längere Lagerung ist wegen der Haltbarkeit nicht zu empfehlen.

Kakaoanteil

Das ist der totale Prozentsatz von festen Bestandteilen der Kakaobohne und Kakaobutter in einer Schokolade. Je höher der Kakaoanteil, desto stärker ist das Aroma und umso niedriger der Zuckeranteil.

Kakaobutter

Weiches blassgelbes Fett, das beim Pressen von Kakaomasse gewonnen wird. Sie beeinflusst die Verarbeitungsmöglichkeiten von Schokolade, deshalb ist sie ein wesentlicher Bestandteil von Schokolade. Durch Zusatz von Kakaobutter wird Kuvertüre flüssiger. Der Schmelzpunkt von Kakaobutter liegt bei Körpertemperatur.

Kakaomasse

ist die durch Mahlen aus Kakaobohnen gewonnene flüssige Rohmasse, die zu Schokolade weiterverarbeitet wird.

Kakaopulver

Nach dem Mahlen der Kakaomasse werden ihre Bestandteile in Kakaopresskuchen und Kakaobutter getrennt. Für Kakaopulver wird der Presskuchen gemahlen, gegebenenfalls alkalisiert und manchmal mit Lecithin versetzt.
Je nachdem, wie stark die Kakaomasse gepresst wurde, unterscheidet sich der Fettgehalt; er liegt zwischen 10 und 22 Prozent.
Für die Rezepte in diesem Buch können Sie handelsübliches ungesüßtes Kakaopulver verwenden. Sie finden es im Supermark bei Kaffee und Kakao. Die angebrochene Packung bewahren Sie am besten bei Zimmertemperatur, gut verschlossen und lichtgeschützt auf.

Konsumkakao

Konsumkakao ist immer Forastero-Kakao – ein Kakao von geringer bis durchschnittlicher Qualität, der zur Herstellung von Konsumschokolade verwendet wird.

Kuvertüre

Schokoladengrundmasse mit einem höheren Kakaobutteranteil als Schokolade. Kuvertüre eignet sich hervorragend zum Überziehen von Gebäck und Pralinen. Erhältlich ist sie als bittere, weiße und Milchvariante, wobei diese schokoladenspezifische Bezeichnungen nicht auf der Verpackung stehen. Bei Kuvertüre werden die prozentualen Bestandteile der Kuvertüre auf der Verpackung angegeben: zuerst der Kakaoanteil, es folgt der Zuckeranteil, dann der Gesamtfettgehalt. Die Angabe 70/30/38 bezeichnet etwa eine extrabittere Kuvertüre mit 70 Prozent Kakaoanteil und 30 Prozent Zucker. Wenn bei den Rezepten keine anderen Angaben gemacht werden, dann ist mit »dunkle Kuvertüre« immer diese extrabittere Variante gemeint. Kaufen Sie die Kuvertüre im Fachhandel: Schokoladenläden haben Kuvertüre in guter Qualität im Sortiment. Auch über deren Internetportale lässt sie sich meist in 200-g-Blöcken beziehen. Übrige Kuvertüre können Sie so luftdicht wie möglich verpackt im Seitenfach des Kühlschranks aufbewahren.

Kakaosurrogat

Bezeichnung für einen Kakaoersatz, der für schokoladenartige Erzeugnisse verwendet wird. Die Bäume der Arten Theobroma bicolor oder Theobroma grandiflora, zwei nahe Verwandte des Kakaobaums, liefern dafür den Rohstoff. In Europa kommt das Surrogat kaum noch zum Einsatz, weil seine Qualität niemals an die echten Kakaos heranreicht.

Läuterzucker

Konzentrierter Zuckersirup, der aus einem Zucker-Wasser-Gemisch gekocht wird (s. Seite 148). Läuterzucker wird zum Süßen von Desserts und Cremes sowie zum Tränken von Torten- und Kuchenböden verwendet.

Manjari-Kuvertüre

ist eine fruchtige Gourmet-Kuvertüre. Durch ihren Kakaoanteil von mindestens 64 Prozent eignet sie sich sehr gut für Feingebäck und Kuchen, die etwas weniger herb sein, aber einen vollen Schokoladengeschmack haben sollen.

Milchschokolade

Als Milchschokoladen gelten im Handel Schokoladen ab einem Kakaoanteil von etwa 25 Prozent; Edel-Schokoladen werden jedoch nicht unter 30 Prozent Kakaoanteil angeboten. Sie enthalten außer Milchpulver, Kakaobutter, Zucker, echter Vanille und gegebenenfalls Soja-Lecithin keine anderen Zusätze.

Nacional

Als eine Unterart des Forastero-Kakaos und als eigene Varietät wird der Nacional-Kakao – der nur in Ecuador vorkommt – gehandelt. Er ist wesentlich aromatischer als normaler Forastero und wird daher auch zu Edel-Schokoladen verarbeitet.

Nibs

Geschälte und in kleine Stücke gebrochene Kakaobohnen.

Parfait

Feines Speiseeis, das nicht in einer Eismaschine, sondern in einer Form im Gefrierfach gefroren wird.

Patissier

Er ist in der Küche eines Restaurants für die Herstellung der Desserts zuständig.

Pentagona

Diese Kakaofrucht ist eine Variante des Cundeamor-Typs, hat eine wesentlich dünnere Schale und ähnelt in ihrer Oberfläche der Haut eines Alligators. Früher dachte man, dass diese Form eine eigene Art wäre und nannte sie Theobroma pentagona. Mittlerweise haben Experten festgestellt, dass sie schon der Art Theobroma cacao angehört und es sich dabei um einen sehr ursprünglichen Criollo-Kakao (s. Seite 23) handelt. Pentagona beschreibt also einen Formtypus ebenso wie eine Unterkakaosorte.

Pochieren

Eine schonende Garmethode, bei der das Gargut in heißem, nicht kochendem Wasser gar zieht.

Porcelana

Gilt als der weltweit feinste Criollo-Kakao.

Presskuchen

Reines Kakaopulver, das beim Pressen der Kakaomasse entsteht und vor der Weiterverarbeitung einen steinharten runden Kuchen bildet.

Reif

Weiß-gräulicher Fettfilm auf Schokolade, der durch falsche Temperierung oder Lagerung entsteht.

Rosa Pfefferbeeren

Die Beeren des brasilianischen Pfefferbaums werden im Handel als »Rosa Pfeffer« angeboten, gehören aber nicht zum echten Pfeffer, der sich durch seinen scharfen Geschmack auszeichnet. Rosa Pfeffer ist mild aromatisch, mit einer Note von Wacholder. Vorsicht: Verwechseln Sie den rosa Pfeffer nicht mit echtem rotem, der wesentlich schärfer ist.

Rückgeruch

Gerüche gelangen zum einen durch die Nase zum Riechzentrum, dem Riechkolben, zum anderen durch den Mund über den Hals-Rachenraum. Die Aromen, die über den Mund zum Riechkolben gelangen, werden Rückgeruch genannt.

Sabayon

ist ursprünglich eine Creme, die über dem Wasserbad aus

Zucker, Eigelben und Wein aufgeschlagen wird. Anstelle von Wein wird mittlerweile auch Kaffee oder Likör zum Verfeinern verwendet.

Säure

Die Säure ist ein wesentlicher Bestandteil von edler Schokolade. Eine feine, zur Süße ausgewogene Säure verleiht der Schokolade Leben und trägt zum langen Abgang bei.

Schokoladenkenner

Ein neuer Zweig der »Genießer« hat sich in Anlehnung an den Weinkenner etabliert: der Schokoladenkenner. Ab wann man sich so nennen darf ist offen. In absehbarer Zeit wird es bestimmt entsprechende Kriterien geben.

Silpatmatte

In Haushaltswarengeschäften bekommen Sie diese flexible Silikonmatte als Backmatte in verschiedenen Größen. Sie ist hitze- und kältebeständig und so einfach wie Backpapier zu verwenden.

Simmern

Im Gegensatz zum sprudelnden Kochen wird beim Simmern nur bei geringer Hitze gekocht. Es dürfen keine Dampfblasen aufsteigen, so dass das Gargut ruhig bleibt und sehr schonend gegart wird.

Single-variety

Bezeichnung für Schokolade, die aus einer einzigen Kakaountersorte hergestellt wurde.

Soja-Lecithin

Pflanzlicher Emulgator, der bei der Schokoladenherstellung zur Stabilisierung der Schokolade zugegeben wird. Ein Prozent der Gesamtmasse darf das Lecithin per Gesetz betragen. Wird auch in Edel-Schokoladen verwendet.

Sorbet

Es wird auch Halbgefrorenes genannt und ist ein Speiseeis aus Fruchtsäften oder Fruchtpürees, verfeinert mit Zucker, Aromen wie Vanille und eventuell Spirituosen. Es wird im Gefrierfach gefroren, dabei regelmäßig umgerührt, um die Eiskristalle zu zerkleinern. Sorbets können Sie als Zwischengang oder als erfrischendes Dessert servieren.

Terroir

Ein Begriff aus dem Weinbau für das Zusammenspiel von Temperatur, Boden und Rebsorte bzw. Kakaosorte.

Theobromin

ist ein Bestandteil von Kakao und Schokolade und nicht nur mit Koffein verwandt, sondern hat eine ähnliche, aber schwächere Wirkung auf den menschlichen Körper.

Theobroma cacao

Botanischer Name des Kakaobaums, geprägt durch den schwedischen Naturwissenschaftler Carl von Linné. Übersetzt bedeutet der Name »Speise der Götter« und erinnert damit an den Mythos der Azteken, ihnen sei der Kakaobaum durch den Schöpfergott Quetzalcoatl geschenkt worden.

Tonkabohne

Mandelförmiger Same des Tonkabaums mit einem vanilleähnlichen Geschmack. Als Gewürz wird die Bohne mit der Muskatreibe in Desserts, Eis, Kuchen und Torten gerieben.

Tortenring

Für die Profis gibt es den Tortenring in vielen verschiedenen Größen und für den Hobbykoch in einer verstellbaren Version von 16–30 cm aus Edelstahl. Den flexiblen Küchenhelfer bekommen Sie in Haushaltswarengeschäften rund und eckig.

Trinitario

Ursprünglich ein Hybrid aus Criollo- und Forastero-Kakao. Er ist auf der Insel Trinidad entstanden, gilt mittlerweile als eigenständige Sorte und liefert sehr hochwertigen Kakao.
Die besten Trinitarios stammen auch heute noch von der Karibikinsel Trinidad.

Van Houten

Der Niederländer Coenraad Johannes van Houten war durch die Erfindung der hydraulischen Kakaopresse maßgeblich an der Entwicklung der Schokoladenherstellung beteiligt. Mit seiner Erfindung von 1828 konnten erstmals Kakaopulver und Kakaobutter voneinander getrennt werden.

Warm und kalt aufschlagen

Zutaten für Cremes oder Kuchen werden zunächst in einer Schüssel über dem Wasserbad bei etwa 38° warm aufgeschlagen, anschließend wird die Masse ohne Wasserbad bis zum Erkalten weitergeschlagen.

Zum schwachen Flug kochen

Für Florentiner (s. Seite 90) kochen Sie eine Mischung aus Zucker, Honig, Glukosesirup, Butter und Sahne zum schwachen Flug. Das bedeutet, wenn Sie etwas von der heißen Masse auf einen Kochlöffel geben und dagegen blasen, fliegen kleine Bläschen davon.

Adressen, Literatur, weitere Informationen

Hier finden Sie Adressen von Schokoladengeschäften, Online-Adressen für den Bezug von Schokolade und Hinweise auf Bücher und weiterführende Information zum Thema Schokolade. Es ist eine kleine subjektive Auswahl, die bei der Fülle des Angebots natürlich nicht vollständig sein.

Bezugsquellen von Edel-Schokoladen

BITTER & ZART CHOCOLATERIE

60311 Frankfurt, Domstraße 4, www.bitterundzart.de
Neben dem Sortiment edelster Schokoladen der führenden Hersteller stellt Bitter & Zart individuelle Geschenkpakete zusammen und arrangiert Schokoladen- und Pralinenbuffets.

CHOCO MONDE

20354 Hamburg, Colonnaden 54, www.chocomonde.de
Ob aus Europa oder Übersee – neben feinsten Schokoladen aus aller Welt gibt's in diesem Schokoladengeschäft auch Eau de Chocolat und zuckerfreie Schokolade.

CHOCOLATE & MORE

80331 München, Westenrieder Str. 15
www.chocolate-and-more.com
Von den edlen gefüllten und nicht gefüllten Schokoladentafeln großer Hersteller einmal abgesehen, bietet das Geschhäft handgefertigte Pralinen der Lauensteiner Confiserie.

DUNKLES GOLD SCHOKOLADEN

50674 Köln, Brüsseler Str. 44, www.dunklesgold.de
Nicht nur alle Edelmarken sind hier vertreten, Sie bekommen in dem kleinen Kölner Geschäft auch feine Kuvertüren und ganze Kakaobohnen ohne andere Zutaten zum Kochen. Auch online bestellbar.

ELLY SEIDEL

80333 München, Maffeistrasse 1, www.ellyseidl.com
Seit 1918 ist Elly Seidel der traditionelle Schokoladen- und Pralinenladen schlechthin in der Isarstadt. Der Kolumnist und Feinschmecker Wolfram Siebeck behauptet, Mousse au chocolat würde nur mit Kuvertüre von Elly Seidel perfekt.

IN'T VELD SCHOKOLADEN

10437 Berlin, Dunckerstraße 10, www.intveld.de/home.htm
Sowohl über den Online-Shop als auch im Berliner Geschäft gibt es ein reiches Sortiment an Edel-Schokoladen.

SCHOKOLADE CONFISERIE MELANIE

10623 Berlin, Goethestraße 4
Rund 4 000 verschiedene Schokoladen- und Pralinensorten finden sich in dem kleinen Charlottenburger Geschäft – darunter Selbstgemachtes mit Enzian oder Steinpilzen.

SCHOKOVIDA

20249 Hamburg, Hegestraße 33
Feinste Schokoladen aus aller Welt bietet der Inhaber Oliver Rohlf in Hamburg an. Ein Onlineshop soll bald starten.

STOLBERG SCHOKOLADEN

80331 München, Ledererstr. 10
Das Münchner Geschäft führt die erstklassigen Marken und bietet gute Beratung. Außerdem gibt es Fachliteratur und Extravagantes – wie das Schokoladenbier.

XOCOLAT SCHOKOLADEN-KONTOR

1010 Wien, Freyung 2 (Passage im Palais Ferstel)
www.xocolat.at
Nicht nur das wunderschöne Ambiente des Palais Ferstel, sondern auch die exquisite und riesige Auswahl an feinsten Schokoladen und Pralinen machen den Ausflug zu XOCOLAT bei einem Wien-Besuch unverzichtbar.

Online-Shops

www.gourmondo.de
Feinkost aus aller Herren Länder, Gewürze und Wein, Essig und Öl und vor allem Edel-Schokoladen und -Kuvertüren. Gute Adresse, um Valrhona-Kuvertüre zu beziehen.

www.shop-quintessenz.de
Großes Sortiment von Gourmetschokoladen und anderen Spezialitäten. Besonderheit: es werden unterschiedlichste Schokoladen-Probierpakete angeboten, die sich auch für Verkostungen eignen.

www.chocolatedream.de
Riesiges Sortiment edler Schokoladen vieler Hersteller.

www.berliner-kaffeeroesterei.de
Gutes Angebot edler Schokoladen. Auch Kakaobohnen und Schokolade zum Backen.

www.mannis-laden.eu
Großes Spezialitäten- und Schokoladenangebot. Auch Xocopili, die unter der Bezeichnung Valrhona-Gewürzschokolade angeboten werden.

www.delikatessenladen.org
Spezialitätenshop mit riesigem Angebot. Umfassendes Schokoladensortiment. Auch Xocopili (Gewürzschokolade von Valrhona zum Kochen).

Zum Weiterlesen

Nathalie Bailleux: Das Buch der Schokolade. Edition Rolf Heyne, 1996.

Chloé Doutre-Roussel: The chocolate connoisseur. Piatkus Verlag, 2005.
Wer das Verkosten von Schokolade ganz professionell angehen möchte, findet hier eine kleine Anleitung, wie man mit wissenschaftlicher Genauigkeit an das Thema Genuss herangeht. In englischer Sprache.

Green & Black's Chocolate Recipes. Kyle Cathie Limited.
Green & Black's ist Hersteller von Bio-Schokolade. Dieses Buch gibt Infos darüber und enthält schöne Rezepte in englischer Sprache.

Rolf Italiander: Xocolatl. Ein süßes Kapitel der Kulturgeschichte. Droste Verlag, 1980.

Kakao & Schokolade. Vom Kakaobaum zur Schokolade.
IZS Verlag, 2004.

Patricia Lonsada: Das Schokoladen-Kochbuch.
Christian Verlag, 2005.

Maricel E. Presilla: Schokolade. Die süßeste Verführung.
Collection Rolf Heyne, 2005.

Satigne/Crackwell: Wo die Schokolade wächst. Kinderbuch, Ravensburger Verlag.

Teubner Edition: Das große Buch der Schokolade.
Umfassendes Fachbuch, das leider vergriffen ist. Eventuell über ebay oder Antiquariate zu beziehen.

D.A.R Wood und R.A. Lass: Cocoa.
Longman Sientific & Technical. 4 Auflage, 1989.
Ein sehr wissenschaftliches und englischsprachiges Werk über den Kakao; sehr informativ, aber schwierig zu bekommen.

Zum Informieren

INFOZENTRUM SCHOKOLADE
Deutsches Informationszentrum zum Thema Schokolade und Kakao – für Vertreter der Medien ebenso nutzbar wie für Privatpersonen, Lehrer und Studenten.
www.infozentrum-schoko.de

SCHOKOLADENMUSEUM KÖLN
50678 Köln, Am Schokoladenmuseum 1a
3 000 Jahre Schokoladengeschichte – von der Ernte bis zum Verkauf – erwarten den Besucher.
Besondere Highlights: das Tropenhaus mit einem echten Kakaobaum und der Schokoladenbrunnen, an dem Sie frische Schokolade probieren können. Nach dem Besuch können Sie im Museumsshop Ihren Bedarf für zu Hause decken oder den großartigen Kuchen im Café genießen.

www.theobroma-cacao.de
Umfassende, fundierte Information zu Kakao und Schokolade. Mit Links zu allen größeren Herstellern und Veranstaltungsterminen.

THE WORLD COCOA FOUNDATION
Organisation zur Förderung eines wirtschaftlichen, sozialen und ökologischen Kakaoanbaus.
www.worldcocoafoundation.org

THE ACADEMY OF CHOCOLATE
Akademie zur Förderung eines besseren Verständnisses und Bewusstseins für feine Schokolade. Die Akademie führt Schokoladenverkostungen durch und vergibt Preise für die besten Edel-Schokoladen in verschiedenen Kategorien.
www.academyofchocolate.org.uk

Zum Amüsieren

CHOCOLAT (2000)
Film von Lasse Hallström mit Juliette Binoche und Johnny Depp
Eine allein erziehende Mutter eröffnet in einer französischen Kleinstadt einen Schokoladenladen und erschüttert mit ihren verführerischen Kreationen die Moral der Gemeinde.

CHARLIE UND DIE SCHOKOLADENFABRIK
Roman von Roald Dahl (1964)
Nur einmal im Jahr, zu seinem Geburtstag, bekommt der kleine Charly Bucket eine Tafel der großartigen Wonka-Schokolade. Willy Wonkas sagenumwobende Schokoladenfabrik liegt gleich nebenan: Dort werden die ausgefallensten Süßigkeiten der Welt hergestellt, ohne Arbeiter, denn diese wurden vor Jahren aus Angst vor Spionage entlassen. Wie es hinter den geheimnisvollen Mauern der Fabrik aussieht, erfahren fünf Kinder, die in den Schokoladenpackungen eine goldene Eintrittskarte finden. Charly ist natürlich dabei.
Das Buch wurde 1971 erstmals verfilmt und 2005 in einem wunderbaren Remake von Tim Burton. In den Hauptrollen: Freddie Highmore als Charlie Bucket und Johnny Depp als Willy Wonka.

REGISTER

Rezeptregister

Rezeptregister

SACHREGISTER

SACHREGISTER

GENIESSERKÜCHE

... für alle, die das Echte schätzen

ISBN (10) 3-7742-6993-9
ISBN (13) 978-3-7742-6993-4

ISBN (10) 3-7742-6992-0
ISBN (13) 978-3-7742-6992-7

168 Seiten | € 24,90 [D]

Die Kochbücher zu den Genusstrends der Zeit. Eine unterhaltsame Mischung aus Reportage, Expertenwissen und besonderen Rezepten – ein sinnliches Vergnügen für alle, die mehr wissen wollen.

GU

Willkommen im Leben.

IMPRESSUM

Jutta Gay lebt als freie Autorin in Köln und arbeitet dort für verschiedene Buchverlage. Seit sie das erste Mal eine 100%ige Schokolade probierte und dabei eine ganz unerwartete Aromenfülle entdeckte, lässt sie das Thema Schokolade nicht mehr los. Jetzt probiert sie sich durch die Edel-Schokoladen des Marktes, testet und vergleicht, verarbeitet sie zu heißer Schokolade und Torte und legt ihre Favoriten fest, um kurz darauf ein neues Schokoladenhighlight zu entdecken – wie zurzeit Alejandros Schokoladenkuchen. Ihre Faszination für Schokolade führte zur Idee für dieses Buch.

Alejandro und Christopher Wilbrand
gingen bereits als Kinder ihren Eltern in der Küche des Restaurants zur Hand. Ihre frühen, ambitionierten Kreationen finden sich z. T. noch heute auf ihrer Speisekarte. Während der Ausbildung trennten sich ihre Wege: Während Christopher Wilbrand die Kunst der herzhaften Küche perfektionierte, entdeckte Alejandro seine Liebe zu Konfiserie und Patisserie. Heute kombinieren Sie in ihrem Restaurant »Zur Post« in Odenthal ihre Meisterwerke zu wunderbaren Menüs. Dafür wurden sie bereits mit Sternen, Hauben und vielen anderen Auszeichnungen geehrt.

Joerg Lehmann lebt als Fotograf seit 1991 in Paris. Er fotografiert Genuss für japanische und deutsche Magazine, wie DER FEINSCHMECKER und für Buchverlage. Mit seinem klaren, reduzierten Fotostil hat er das Thema Schokolade in diesem Buch perfekt inszeniert. Das Fotostyling hat Patrice Brault übernommen.

Programmleitung: Doris Birk
Redaktion: Birgit Rademacker
Lektorat: Maryna Zimdars
Korrektorat: Mischa Gallé
Gestaltung und Layout: LIQUID Agentur für Gestaltung
Fotografie: Joerg Lehmann
Foodstyling: Patrice Brault
Herstellung: Petra Roth
Layout und Satz: BuchHaus Robert Gigler
Reproduktion: Penta Repro
Druck: Firmengruppe APPL, aprinta druck, Wemding
Bindung: Conzella, Pfarrkirchen

ISBN (10) 3-8338-0241-3
ISBN (13) 978-3-8338-0241-6

2. Auflage 2007

GRÄFE UND UNZER
Ein Unternehmen der
GANSKE VERLAGSGRUPPE

Bildnachweis:
www.infozentrum-schoko.de Seite 10;
Teubner: Seite 8, 13, 15, 16, 19, 20 oben rechts, 22 oben, 36
alle anderen Bilder Joerg Lehmann

DAS ORIGINAL GU MIT GARANTIE

Das Original mit Garantie

Ihre Meinung ist uns wichtig. Deshalb möchten wir Ihre Kritik, gerne aber auch Ihr Lob erfahren. Um als führender Ratgeberverlag für Sie noch besser zu werden. Darum: Schreiben Sie uns!
Wir freuen uns auf Ihre Post und wünschen Ihnen viel Spaß mit Ihrem GU-Ratgeber.

Unsere Garantie: Sollte ein GU-Ratgeber einmal einen Fehler enthalten, schicken Sie uns das Buch mit einem kleinen Hinweis und der Quittung innerhalb von sechs Monaten nach dem Kauf zurück.
Wir tauschen Ihnen den GU-Ratgeber gegen einen anderen zum gleichen oder ähnlichen Thema um.

GRÄFE UND UNZER VERLAG
Kochen & Verwöhnen
Postfach 86 03 25
81630 München
Fax 089/419 81-113
E-Mail: leserservice@graefe-und-unzer.de